ル・コルビュジエから遠く離れて

日本の20世紀建築遺産

松隈 洋

みすず書房

ル・コルビュジエから遠く離れて　目次

ル・コルビュジエから遠く離れて

日本の20世紀建築遺産

一パーセントの意味　序にかえて

私たちの時代の建築とは何か、とたずねられたら、あなたはどう答えるだろうか。二〇一二年十月、赤煉瓦の東京駅は国の重要文化財指定を受けて大規模な改修工事が施され、一九一四年の竣工当時の姿に華々しく復元された。いまや観光名所となって多くの人びとで賑わうこの建物はそれでも一時代前の様式建築に属しており、私たちの日常生活と直接にはつながらない。同じく、法隆寺や清水寺など奈良や京都に数多く残る木造の神社仏閣でもないのだろう。それではどんな建築がそれに該当するのだろう。考えてみれば住まいや集合住宅、学校やオフィス、図書館や病院まで私たちの身近な生活環境を形づくっているごくふつうの建物は、そのほとんどが鉄筋コンクリートや鉄骨でつくられている。またそこで使われている仕上げ材料も、ガラスやタイル、新建材などその大半は工場で大量生産されたものばかりである。さらにそれらの建物は、機能的で単純な形態がスタンダードになっていることにも気づかされる。そして現在もこれからも、そうした建築による生活環境のつくられ方自体は当分のあいだ基本的に変わることはないだろう。

こうして工業化を前提とし、装飾のないスッキリとしたデザインの建築、仮にモダニズム建築と名づけられるものこそ、私たちの時代の建築とみなすことができると思う。しかし、モダニズム建築はどのような役割を担っていつごろから始まり、長い建築の歴史のなかでいかなる位置を占め、どのような現代的意味をもっているだろうか。

いきなり唐突な話になるけれど、私たち人類の直接の祖先にあたるホモ・サピエンスがアフリカで誕生したのは、いまからおよそ二十万年前のことだといわれている。けれども、人類の歴史のほとんどは狩猟民族の時代として続いていく。そのため洞窟画で有名なフランスのラスコー遺跡（紀元前一万年ごろ）に象徴されるように、人類は洞窟のなかで雨露を凌ぎながら獲物を捜して移動を繰り返していたのであり、生活するための恒久的な建築をつくってはいなかった。

その後人類は、より安心して生存していくために定住して農耕を始める。そしてこの時点においてはじめて住まいを建設し、食料の貯蔵庫や祭事の場所などさまざまな建築をつくりはじめたのだろう。建築史の本によれば、世界最初の都市の遺跡として知られているのはイスラエルのパレスティナにある日干し煉瓦でつくられたイェリコの集落遺跡（紀元前七五〇〇年ごろ）だという。仮にそこから単純に試算してみると、人類が建築をつくりだした歴史のタイムスパンは、7500＋2000：200000＝1：21——すなわちその誕生からの歴史の四・八パーセントにすぎない。いいかえれば人類は、建築という世界をもたない歴史を誕生から九五パーセント以上の時間にわたって歩んできたことになる。それでも人間は、数千年という長い時間にわたって建築をつくりつづけてきたのである。そして石や煉瓦、瓦、ガラスといった素朴な材料を用いながら、ロマネスクやゴシックの教会、バロックの宮殿などさまざまな様式による建築の歴史が展開されていく。

さて、ここでモダニズム建築の意味を考えるために時代を一気に十九世紀まで進めたい。建築が工業化へと転換するのは、十八世紀後半のイギリスの産業革命を経た十九世紀の中ごろからだ。スティール（鋼）の大量生産が始まり、一八五一年にはロンドンで開催された最初の万国博覧会にガラスと鋳鉄でつくられた壮大な水晶宮が出現する。また歴史から一度は消えたコンクリートは、鉄筋と組み合わされることによって鉄筋コンクリートという画期的な構造体となってよみがえる。さらに一八九四年には、アスファルト防水が発明されて平らな屋上が可能となる。こうしてモダニズム建築を形づくる鉄とガラスとコンクリートの技術が工業化を背景に出揃うのが一九〇〇年代の初頭である。おりしも一九〇三年には、ライト兄弟が動力を用いた飛行機で初飛行に成功し、一九一四年には自動車のT型フォードが量産化を開始する。科学の急速な進歩による工業化技術の発達がモダニズム建築の誕生を用意した歴史的な構図も見えてくる。

モダニズム建築を誕生させた新しい構造体や工業化材料は、そのほとんどがこのわずか百年ほどの間に発明されたものであることに気づかされる。またル・コルビュジエら先駆者たちが工業化を前提とする新しい建築を提唱できた背景には、二十世紀初頭の飛行機や自動車の登場に象徴される科学技術の急速な進歩への楽観的な信頼があったこともわかる。こうして、人間が建築をつくりはじめた紀元前七五〇〇年という起点から考えてみると、モダニズム建築の長さはおおよそ100：7500＋2000＝1：95——すなわち建築の歴史のわずか一パーセントほどにすぎないことになる。

一方、現代からは想像することもむずかしいけれど、日本という国はほんの少し前までは木造によって生活環境のすべてが形づくられてきた建築文化上の特性をもっていた。もちろん、一八六八年の明治維新に始まる急激な西欧化と近代化の動きのなかで西欧から移入された煉瓦造へと転換し、その後一九二三年の関東大震災を契機に鉄筋コンクリートや鉄骨による近代的な街並みへと変貌をとげていく。それでも、私たちの日常の生活空間の大半は木造によって長く形づくられてきたのである。建築史家の村松貞次郎は著書『日本近代建築の歴史』（ＮＨＫブックス、一九七七年）のなかで、建築物の着工統計から読みとれる構造別床面積の推移にふれて次のように記していた。

「日本の国は木の建築の国ではなくなった。有史以来ほとんど木造建築だけで通してきて、戦前はもとより戦後しばらくまでは九〇パーセント、八〇パーセントと圧倒的な木造の比率を誇ってきた日本である。それが過半を割ったということ、しかもそれが昭和三十年代において見られたということは、その現象を喜びあるいは悲しむのいずれにもかかわらず日本の建築の歴史に銘記しておくべきことであろう」

村松の指摘するとおり、統計資料によればちょうど一九六四年の東京オリンピックに前後する高度経済成長の時代に日本は木の建築の国ではなくなったことがわかる。そこで、仮に日本の木造建築の始まりを縄文時代の集落跡として名高い青森県の三内丸山遺跡（五千五百—四千年前）を起点としてたどると、どのような見取り図を描くことができるだろうか。木造と非木造の比率を計算してみるとじつに 5500：50≒110：1 となる。つまり、日本の建築の歴史はいまでも全体の九九パーセントが木造の時代によって占められており、工業化された鉄筋コンクリートや鉄骨でできた建築の歴史は一パーセントにも満たないことが見えてくるのである。

こうしてモダニズム建築の歴史的な位置が浮かびあがってくる。私たちの日常を形づくる建築は、長い建築の歴史のわずか一パーセントのなかにしかその蓄積をもたない。同時に、日本では木造ではなくなった建築の歴史も一パーセントしかないのである。冒頭で東京駅も法隆寺や清水寺も私たちの時代の建築ではないと記した。しかし、以上のような歴史的視点に立つとき、地と図は反転する。煉瓦や木造の建築は私たちの築きあげてきた建築の歴史の九九パーセントのほうに属しているからだ。だからこそ、そこには言葉にはしにくいけれど時間の試練のなかで長くもまれ、洗練を繰り返してきたものだけがもつ安定感と懐かしさが感じられるのだろう。

それでも私たちには、私たちの時代の建築と向きあうことが求められている。その蓄積のなかにしか現在と未来のよりよき生活環境を考えるための直接の手がかりをもたないからである。そしてそう考えるとき、はじめてわずか一パーセントのモダニズム建築の価値に気づくのではなかろうか。一方で、モダニズム建築にはそれまでの建築とは異なる時代的な使命が託されていたのであり、建築と人間との関係性において新たに切り開いた地平があることを忘れてはならないと思う。

たとえば東京駅や赤坂離宮、国会議事堂などは記念碑的な建築として贅沢な材料が使われており、そこには莫大な建設費が投じられたのだろう。けれどもモダニズム建築においては、むしろ私たちの身近な生活空間そのものを形づくるものとして経済的な合理性と普遍的な方法が追求されてきた。なぜなら、そこで共通に掲げられていた使命とは、都市への人口集中によって劣悪化した生活環境を建築の工業化を推進力とする明晰な方法によって改善し、誰もが安心して健康で快適に暮らすことのできる生活空間を民主的な方法によって実現することだったからだ。そしてその時代の経済状況に見合う普段使いの機能的な建築であることによって、モダニズム建築はそれまでの建築とは次元の異なる新たなジレンマを抱えこむことにもなったのである。

それは次のような問いとして整理することができると思う。まず百年にも満たない鉄筋コンクリートや鉄骨という構造体と工業化された新しい材料を用いて石や煉瓦、木造でつくられた建築に連なるような時間のなかで成熟する持続的な建築が実現できるのか。また、デザインという意識的な方法によって、生活のなかに溶けこんで地となるような建築を生みだすことができるのか。さらには普遍性と合理性を追求した結果、それまでの建築がもっていた地域性や風土性はどのようにして継承できるのか。モダニズム建築にはこのような新たな難問が立ちはだかったのである。そしてこうした難問がそのまま現代建築においても変わらないテーマでありつづけている。

こうして百年足らずのモダニズム建築と向きあうことの大切さが見えてくる。五十年前のモダニズム建築のいまを見つめることは、そのまま現代建築の五十年後の姿を考えることにほかならない。そしてそうした課題と真摯に向きあった日本のモダニズム建築を、私たちはそれとは気づかずにすでにいくつももちえてきたのである。たとえば日本の木造建築や集落にみられる控え目で穏やかな姿を手がかりにした吉田鉄郎の東京中央郵便局（一九三一年）や大阪中央郵便局（一九三九年）、寺院建築に範を得た前川國男の京都会館（一九六〇年）、木造建築のスケール感をコンクリートに移し替えようとした吉村順三のホテルフジタ（一九七〇年）などをあげることができる。それらはいずれも建築の歴史の九九パーセントへと一パーセントをつなげようとする営為でもあったのである。しかし二〇〇〇年代の急激な都市開発によってあいついで姿を消してしまった。

私たちは私たちの時代の建築をどのように守り育て、次の世代へ引き継ぐことができるのか。よりよき生活環境はいかなる方法によって実現することができるのだろう。私には人知れず消え去ろうとしているモダニズム建築がいとおしくて仕方がない。わずか一パーセントの蓄積だからこそ、ひとつひとつがかけがえのない明日への貴重な手がかりになる可能性をもっているからだ。そのた

東京中央郵便局、北東側（上）と南側（下）外観。現在はJPタワーの低層棟として部分保存

めにも、日常のなかにあるモダニズム建築の意味を汲みとるまなざしが少しでも広がることを願わずにはいられない。そこにこそ人類が営々と命をつなぎ、先人たちが建築を築いてきた歩みとつながる使命と喜びがあるのだと思う。

I

「平凡な建築」ということ　戦時下の吉田鉄郎

吉田鉄郎（一八九四―一九五六年）は、東京帝国大学建築学科を一九一九年に卒業し、逓信省営繕課に入って建築家としての歩みをスタートさせている。よく知られているように堀口捨己や山田守ら一学年下の一九二〇年卒業組は分離派建築会を結成して、さかんな建築運動を展開する。けれども吉田はその性格もあってか、より地道な形で、しかし旺盛な好奇心をもって最前線の欧米の近代建築から積極的に学んでいく。それから約四十年後の一九五七年、病に斃れ、結果的に弟子たちの手で没後に発行された著書『スウェーデンの建築家』のなかに吉田が亡くなる直前に記した「前書」がある。そこには次のような回想が綴られている。

「学校を出てから、はや四十年にちかい。その間、外国からいろんな刺激や影響をうけた。はじめのうちは主としてドイツの建築家から、強い影響をうけたが、いずれもあきたらず、次ぎから次ぎと心の旅をつづけた。しかし、スウェーデンの建築を知ってからは、それが自分にはぴったりとして、もう他の影響を求めなくなった。それは心の糧として、また心のふるさととして、永い間自分を育ててくれた。はじめてストックホルムの市庁舎を写真で見たときの感激を、いまだにありありと想起することができる。一九三一年、当時筆者がつとめていた、逓信省から命ぜられて、海外に旅したときも、スウェーデンの近代建築に接してくることが、せつなる心のねがいであった。そのときはエストベリィもまだ健在で、この偉大な建築家の風貌に接することができた[1]」

吉田は「心の糧」となるものを求めて海外の建築雑誌などを熱いまなざしで見ていたのだろう。当時の吉田のそのような思いを具体的に伝えるのが「志摩徹郎」のペンネームで一冊にまとめられた著書『世界の現代建築』（洪洋社、一九三〇年）である。晩年の吉田に学び、その仕事をまとめた矢作英雄氏の研究報告[2]によれば、この著書は逓信省の「内部研修用」に合本されたものだという。だからなのだろう、残念なことに公的な図書館にはまったく所蔵されていない。

矢作氏の引用によれば、この本の序には「「現代建築には、戦前のやうな芸術至上主義的若くは卓越個人的な色彩が著しく減って、社会主義が濃厚に織り込まれて居る事である」とし、「建築家全体が各自の小さな自我を殺し、共同して民衆の生活を基調とする、最も健康的な、最も能率的な、而して最も経済的な合理主義的建築の創造に努力して居る様が明かに見られ」とし「従って其の表現は到って簡単明快である」」と記されているという。すなわち個人の情念の表出としての芸術至上主義的な建築ではなく、あくまで民衆の生活を健康的にする能率的で経済的な合理主義的建築を創造することこそ現代建築に求められた目標だとの認識が吉田にはあったのである。そしてそうした視点を彼に強く自覚させたものこそ、先の回想に出てくる北欧スウェーデンの建築との出会いだったにちがいない。それは合本される前の一九二九年十月に発行されたリーフレットの時点で「スウェーデン」が第一輯にとりあげられており、その最初のページにエストベリのストックホルム市庁舎が掲載されていることからもわかる。

さらに第一輯にある刊行予告を見ると、シリーズの順序はスウェーデン、デンマーク、ロシア、ドイツ、フランス、スイス、オランダ、オーストリア・チェコスロバキア、イギリス・ベルギー、アメリカとなっており、一九三〇年に合本される時点でのドイツ、フランス、オランダ、アメリカ、スウェーデン、とは内容や順序が大きく異なる。この順序の入れ替えには、おそらく「心の糧」と信じたスウェーデンの建築を最後にもってこようとした吉田の編集意図が反映されているのだろう。注目されるのは、一九三〇年の合本に「この点、我国古来の伝統的趣味も著しく相通じて居る様に思われる」と記されていることだ。すでに早くから、吉田には欧米の最前線の現代建築にみられる「簡単明快」という特徴が日本の伝統と共通しているとの認識があったのである。それは一九三三

ストックホルム市庁舎（2点とも）

年、ドイツの建築家ブルーノ・タウトが来日し、吉田とも交友するなかから、その著書『ニッポン』や『日本文化史観』などを通して日本の建築を絶賛することになる以前のことだった。

そして吉田にとって、こうしたいわば最新の欧米建築に関する私的研究ノートとでも呼べるものを一九三〇年という時点で合本したことの意味も大きかったと思われる。というのも、翌年一九三一年の七月には写真でしか知らなかったフランス、ドイツ、スウェーデン、カナダ、アメリカの建築をめぐるはじめての建築視察の出張に旅立つからである。同時に、この『世界の現代建築』をまとめる作業は結果的に視察旅行の下準備という意味をこえて、どこにみずからの求める建築があるのかをきちんと見極めたいという強い問題意識を吉田の心に醸成することにもつながったのだと思う。それでは、それほどまでに憧れたストックホルム市庁舎の実物にふれ、設計者のエストベリにも接した吉田はどんな感想を抱いたのだろうか。当時の日記には次のような言葉が記されている。

「エストベリィほどのものが、新しい建築の息吹に気のつかぬはずはあるまい。しかし、彼は新しい建築は次の時代にゆずり、自分は多年、慣れてきた建築で、自信をもって、しかも、精魂をかたむけて市庁舎をやったのだ。だからこそ、永久に人を動かすと思われる建築がつくられたのだ。この建築を古いとかいって、けなす人も一部にはあるようだが、新しいとか、古いとかいっても、時間の問題にすぎない。きょう新しいものも、あすはもう古くなっているであろう。また、いかに新しい建築にしても、もし、それが借りものならば、なんの価値があろうか。少し古くてもいいから、本格的な建築をやることが肝要なのだ(3)」

この記述からは、吉田が「新しい建築」をやみくもに追うことからは自由になり、長い時間のなかで建築を考えることが大切であること、また、そのためにも「借りもの」ではない、「本格的な

大阪中央郵便局（2012年解体）

建築をやることが肝要なのだ」ということを自覚しはじめていたことがわかる。その後の吉田の建築家としての歩みにとって、この出会いは決定的な意味をもったにちがいない。そしてこのヨーロッパ滞在は、もうひとつの大きな収穫を吉田に与えた。帰国後、一九三五年にドイツ語で出版した著書『日本の住宅』は次のような文章で始まる。

「日本は、高度に発達した住まいの文化を育んできた。また、この独自の文化は長い間、ヨーロッパ諸国の関心を集めつづけている。ヨーロッパ滞在中（一九三一年九月―一九三二年六月）にわたしは、現地の建築家たちが日本の住宅建築に多大な興味を抱いていることに驚きを隠すことができなかった[4]」

「本格的な建築」をやるために欧米の最新事情を追うのではなく、むしろ逆に彼らが関心を寄せている日本の住宅建築のなかにあるものを見つめること。吉田はそのような道筋への確信をつかんだのだ。そして同書のなかに、日本の住宅の優れた独自性として掲げた特徴として「戸や窓が数多く設けられ、外部に対して開放的である。そして、自然との緊密なつながりがある」こと、「構造が建築の美しさと密接に関連している」こと、「簡素、明快、良質といった特徴を兼ね備えている」ことがあげられていることにも注目しておきたい。おそらくこれらの要素こそ、晩年の吉田に接した向井覚が吉田の評伝のなかで「大作でありかつ最高の傑作(5)」と評した大阪中央郵便局（一九三九年）へと結実するものにほかならないからである。

さて、こうして北欧へのあこがれを通して「簡単明快」という視点を獲得し、さらに現物に接するなかから日本の住宅建築への探求を始めた吉田は、その後どのようにそれらの考え方を発展させていったのだろうか。不運なことに大阪中央郵便局が竣工した時点では、すでに日中戦争が勃発して戦争遂行に伴う建築資材統制が始まっており、まともな建築をつくることのできる時代は過ぎ去ろうとしていた。木造バラック以外の建物は許されず、吉田は内省を余儀なくされる。そして続く一九四一年に始まった太平洋戦争下に吉田はひとつの謎とされる行動を起こしている。それは一九四四年三月の突然の逓信省の辞職と富山への帰郷だ。この間にいったい何があったのだろうか。そのことをうかがい知ることのできる吉田の次のような文章がある。

「日本建築の性格は一般的に言って、人工的であるよりは自然的であり、征服的であるよりは親和的である。英雄的であるよりは凡夫的であり、傲慢であるよりは謙抑である。煩雑であるよりは簡素であり、濃艶であるよりは清純である。極端であるよりは中間的であり、激的であるよりは平静である。誇大であるよりは矮小であり、外延的であるよりは内包的である。個性的であるよりは類型的であり、記念的であるよりは日常的である。これらの性格は要するに自然に対しても人間に対しても威張ったり、嚇したりする性質のものではなく、自分を抑へて他と和する態度のものである。包括的に親和性と言ってもいいが自抑性と言ってもいいと思ふ(6)」

じつはこの文章は、建築学会の機関誌「建築雑誌」一九四二年十二月号のために執筆され、初校まで進んだものの、結局なんらかの理由で掲載されず、吉田の没後から二十一年を経た一九七七年三月、矢作氏が吉田の書斎に残されていた資料のなかから発見し、はじめて「建築雑誌」上で紹介されたものである(7)。同じ文章の続きには次のような言葉も記されている。

「日本の芸術では一般に個性よりも型が尊ばれる。それは個性を尊重しないのではなく、個性を型に入れて鍛錬し、普遍的なもの、永遠的なものに高める為である。日本建築、殊に日本住宅などが類型化されているのはいろいろの理由からであらうが、矢張り日本芸術に共通したこの鍛練的精神と密接な関係があるやうに思ふ。つまり、建築家の個性を自由奔放に表現するよりも、型によって抑え、型を通して滲み出させる所に精神的な、倫理的な、高い美しさを求めようとするのであらう。(…)実際、類型的な日本住宅で統一された住宅街などを見ると、いかにも落着いた、平和な感じに打たれるのである。そこには異常なもの、特別なものを建てて隣人の心を刺激したり、傷けたり、引け目を感じさせたりするのを好まない、深い慎しみと温かい思遣りが感ぜられる。又、地方の町や農村を見て感ぜられる事も、戸々の町家や農家が示す素朴な美しさもさる事ながら、矢張り類型的な町屋が軒を並べてゐたり、類型的な農家が群をなしてゐたりする所から生ずる、町なり村なり全体としての統一した、平和な情景である。しかし今日の都市には斯うした親和的なものが余りと言へば余りにも失はれ、個人主義的なもの、自由主義的なものがこれに代って瀰慢してゐる。どの建築も自分自身を目立たせる為には周囲との調和や街全体としての統一美などといふ事は全く顧みないといふ有様である」[8]

「平和な感じ」「平和な情景」「深い慎しみと温かい思遣り」という言葉など戦時下とは思えない文体に驚かされる。この文章の書かれる以前のことだが、日中戦争勃発後の一九三九年当時の建築界をとりまいていた状況については、逓信省の後輩にあたる若い森田茂介（一九一一―八五年）が記した次の文章からも読みとれる。

「現実、自分を顧るとき、発生期の機能主義から更に一歩を進めて、和やかな生活そのものを具現してゐる北欧の小国、スウェーデン、フィンランド、デンマーク等の建築に強く心を惹かれる事を感じる。そこに謙虚な本当の生活がある様な気がしてならない。彫刻的なイタリアの建築は、力んだファシズムの意欲を表現してゐて、その一種のジェスチャーは挑戦的な様な気がする。威力的に強制するものがある様な気がする。

日本、戦へる日本は、北欧の様な平和な和やかな建築を生むことは許されてゐないかも知れない。それならば、何が日本の建築界の課題であるかを国策の線に沿って建築家は考へよう[9]」

おそらく吉田との日常的な交友のなかで、森田もまた「和やかな生活そのものを具現している」北欧建築にあこがれ、そこに日本の建築の展望をみようとしていたのだろう。しかし彼の文章は現状の厳しさを伝えている。そしてこの森田の予言どおり、一九四一年十二月八日に太平洋戦争が勃発した直後、緒戦の勝利に日本中が沸くなか、建築界も戦争遂行の動きに連なろうとする姿勢を一気に加速していく。そのことを象徴するのが一九四二年、建築学会に設置された「大東亜建築委員会」[10]である。そしてそのなかにはじめて「建築様式に関する事項」を検討する小委員会が設けられる。この小委員会の目的は、委員長の佐野利器《としかた》が記した次の文章に明確に記されていた。

「昭和十六年十二月八日に勃発せる大東亜戦争に依て、我世界的立場と国民的自覚との上に、新に又飛躍的の変革が当然に加へられたのである。(…) 我々は思を我が職域に馳せよう、大東亜共栄圏確立の為に南方諸域に於て各般の建設に伴ひ、順次に、日本政庁を始め諸種の用途に充つべき沢山の建築物が各所に建設せらるべきである、いつ迄も敵産利用のみでも済まされない、それにつき研究問題として我技術界に課せられたものは多々あると思ふ。(…) 建築様式即建築物の風貌様姿等芸術に関する事項も亦最重要なる問題の一つであると信ずる、蓋し、共栄圏の諸民族に号令する我国として、我性格を表現し我国威を宣揚する上に最有力なるものであり、且又、茲に進出する同胞に対し祖国的背景たる役割をもなすものだからである」[11]

そして佐野の指示のもと、その意図をより具体化しようと一九四二年の夏から秋にかけて実施されたのが、建築史上も著名な「大東亜建設記念営造計画」をテーマとする公開設計競技だった。これは、国家の中枢機関であった情報局の後援を得て、建築学会が主催し、「大東亜共栄圏確立の雄渾なる意図を表象するに足る記念営造計画案を求む」という「趣旨」でおこなわれた架空の建築物のコンペであった。しかし、当時まだ大学院生だった丹下健三が一等に当選し、彼の名を一躍有名にする起点ともなっていく。吉田鉄郎は学会からの依頼を受けて、このコンペの審査員のひとりとして審査に加わっていた。[12] その審査結果が発表されたのが「建築雑誌」一九四二年十二月号、つまり吉田の幻の原稿が掲載される予定だった雑誌なのである。

こうして、吉田をとりまいていた当時の切迫した状況がみえてくる。この幻の原稿は次のような結語で締めくくられている。

「私達が西洋から学んだ、意匠に於ける征服的なもの、威嚇的なもの、自我的なものは果たして人類に真の平和と幸福を齎し得るものであらうか。又、私達が伝統として保持してゐる、自然的なもの、清純なもの、自抑的なもの、日常的なものは果たして消極的なものであり、退嬰的なものであらうか。（…）否、却って清純なもの、自抑的なものこそ真の意味に於ける積極性を持ってゐると言へるのではあるまいか。（…）自抑的な意匠こそ日本の古い伝統に根ざした、真に民族的なものであると同時に、大東亜は言ふ迄もなく世界の建築を指導するに足るものであると思ふ[13]」

吉田は、この文章を通して建築が戦争へと動員されていく事態に抵抗を試みていたのだ。それは反戦といったような政治的なものではなく、建築が矮小化され、戦争の道具として変質させられていくことへの怒りから発せられた問いかけだったにちがいない。そしてそうした趨勢に支配されつつあった東京の建築界に無力感と自責の念を抱き、一九四四年三月、逓信省を辞め、郷里へと帰ったのである。富山に戻ってからも、吉田は次のような手紙を部下の小坂秀雄に書き送っていた。

「今大阪の駅についたところです。郵便局は外も内も随分荒れてしまって、陰惨荒寥たる感じがします。今僕は公衆溜の筆記台でこの手紙をかいているのですが、何もかも毀れたり汚れたりしたままになっていて、これらのものの原寸を引いた頃のことを懐かしく想い起しています。（…）上京するのは多分二四、五日になるだろうと思います。久々でお目にかかれて、またいろいろ思ったことをそのままにお話することのできることを嬉しく、また楽しみにしています。（…）十一月十二日大阪中郵にて[14]」

この手紙には、戦争によって建築が捨て置かれていく状況への悲しい思いがつづられている。そして活字にはできない本音を、心を開いた部下と直接会って話すことを心待ちにしていることがうかがえる。吉田最後の著書『スウェーデンの建築家』の後書には、次のような言葉が記されている。「建築はますます国際化されるであろう。しかし、一方において、国民的色彩を依然として持続するのではあるまいか。世界の新建築をみるに、すべてこの線にそって進んでいるように思われる。たとえば、スウェーデンの新建築は国際的であるが、一方において、スウェーデン的な特色をかなり濃厚にもっている。目下、アメリカを中心として流行している、いわゆる国際建築ですら、かなに述べたように、最初はもっぱら建築の国際性を強調していたが、近来は、その国民的色彩をも肯定するという方向にすすんでいるようである。さて、わが国の新建築のすすむべき道はどうであろうか(15)」

吉田はこの自問に「もっとも合理的な、もっとも経済的な、かつ、清らかな建築は、きわめて日本的である」とみずからの答えを提示し、日本の進むべき道が「きりつめたものに密接につながっている」「清らかさ」にこそあると明言する。そしてその結語は次のような言葉で終わっている。「かつて、ブルーノ・タウトは、清らかさを讃美して、日本文化が世界文化に貢献したものだといったが、この種の建築も、日本人のみでなく、世界の人びとに貢献することができるであろう。かかる建築が創造されれば、日本人の価値も、おのずから高められるであろう。かく考えてくると、貧乏国日本の建築家たるわれわれも、希望で胸がふくらむ思いがするのである(16)」

不治の病と闘いながら口述筆記されたこの文章には、戦前、戦後の変わらない吉田の思いが読みとれる。そして生前最後に発したと伝えられている「日本中に平凡な建築をいっぱい建てたよ(17)」という言葉は、北欧と日本建築のなかにある建築の本質を見つめ、戦時下にもそのことを堅持しようとした吉田の核心にあった建築の性格をあらわしている。

アントニン・レーモンドと所員たち

一枚の写真から話を始めたい。この写真は一九三四年、『アントニン・レイモンド作品集 1920–1935』（城南書院、一九三五年）のために撮られたもので、場所は東京銀座にいまも現存する教文館の屋上である。アールデコ風のデザインが施されて、彼自身の設計によって前年に完成したばかりで、八階にレーモンド事務所が入っていた。写真中央のレーモンド（一八八八―一九七六年）は当時四十六歳、建築家としての自信に満ちた表情がうかがえる。そして彼を囲む所員のなかに吉村順三（一九〇八―九七年）、前川國男（一九〇五―八六年）、ジョージ・ナカシマ（一九〇五―九〇年）の三人の姿が見える。同い年の前川とナカシマは当時二十九歳、吉村は二十六歳という若さだった。

三人のうち、最初にレーモンドに師事したのは吉村順三である。彼は東京美術学校の二年生だった一九二八年、フランスの建築雑誌「ラルシテクチュール・ヴィヴァント」（一九二五年秋号）に掲載されたレーモンドの自邸「霊南坂の家」の模型写真に魅せられ、「東京」という記述だけを頼りに建物を探しあて、レーモンド事務所へ通いはじめている。そして正式の所員となった一九三一年

教文館屋上にて。前列右より吉村順三、ひとりおいて前川國男。G・ナカシマは後列左から３人目

の卒業時点では、早くも担当したトレッドソン別邸が完成する。

続く前川國男は、一九三〇年四月、ル・コルビュジエ（一八八七—一九六五年）のアトリエでの二年間の修行を終えて帰国し、八月、レーモンド事務所に入所する。当時、同世代のル・コルビュジエをライバル視していたレーモンドにとって、前川は情報源としても貴重な存在だったことだろう。一方、前川はレーモンド事務所で実務を学ぶかたわら、すでに自身の処女作となる木村産業研究所（一九三二年）を完成させ、この写真の一九三四年六月には個人で応募した東京市庁舎公開コンペで三等入選を果たしている。しかし前者はル・コルビュジエから、後者はオーギュスト・ペレから大きな影響を受けており、みずからの方法論については苦しい模索の状態が続いていた。

そして日系二世としてアメリカのワシン

トン州で育ったジョージ・ナカシマは、両親の祖国日本へ強くひかれ、親戚を頼ってこの一九三四年に来日し、レーモンド事務所へ入ったばかりだった。そして入所直後に設計チームに加わった軽井沢の聖ポール教会（聖パウロカトリック教会、一九三五年）では、彼の原点となる素朴な木製椅子のデザインを手がけていく。

ところでナカシマは、後年、当時のことを回想して次のように記している。

「日本人の精神と文化に造詣が深い（吉村）順三から、私は多くを学んだ。（…）彼は、簡素なもののもつ気品と力、建築で発揮される材料それ自体の美しさ、削られたままの白木の優美さ、伝統的な、あるいはまた近代的な創造の場合でも、プロポーションというものは僅かな誤差でデザインを完全に駄目にしてしまうということも、知っていた。（…）私は戦前の日本で五年間を過ごした。それは、その後急激に近代化した日本とはちがっていた。（…）繊細な環境、表現性に富む言語、卓越した建築と手仕事、伝統、人間関係、これらすべてがもう私の生き方に浸み透っていた。私にとって必要なのは、現代の世界が要求するものと、これらの伝統を統合することであるように思われた[1]」

軽井沢聖パウロカトリック教会

ここからは、当時彼ら三人がレーモンドのもとで共有しはじめていたことが明快に読みとれる。それはレーモンド自身が彼らに先立って追求してきたことでもあった。

よく知られているように、レーモンドは一九一九年十二月三十一日、フランク・ロイド・ライト（一八六七―一九五九年）の帝国ホテル（一九二三年、一九六八年解体）の建設助手として初来日している。しかしライトの装飾過剰なデザインに次第に嫌気が差し、一九二一年にはライトのもとを離れて独立する。そのとき彼を突き動かしたのは、日本到着の夕方、横浜から東京へと向かう車中から眼にした街道筋の集落のたたずまいだった。簡素でありながら過不足なく生活の必要を満たし、人々が快適に暮らしているその自然な姿を見てレーモンドは、そこにめざすべき近代建築のエッセンスがあると直感的に確信したのである。その後、レーモンドは飛騨高山の合掌造りの民家や伊勢神宮など日本各地を訪ね歩き、みずから日本の民家に暮らしはじめている。けれども、その直感を方法として具体化できるまでにはさらに長い時間が必要だった。

ナカシマの言葉にもあるように、吉村の入所はそうした試みを促進させる大きなきっかけとなったにちがいない。というのも、彼はすでに学生時代から毎週のように京都や奈良へ出かけ、古い茶室を実測するほど日本の伝統的な建築への造詣を深めていたからである。逆に日本の伝統からみずからの方法を見つけようとするレーモンドの強い問題意識に触発されることによって、吉村もより実践的な目で伝統を見直しはじめたのだと思う。彼がレーモンドのもとで障子を洋室にもちこむ斬新なデザインを提案できたのも、そうした自覚あってのことだろう。

また続いてそこに加わった前川にとっても、新鮮な驚きがあったのではなかろうか。前川は後年いくどとなく述懐しているように、ル・コルビュジエに学んだことを日本において着実なかたちで

軽井沢「夏の家」。1986年、軽井沢タリアセンに移築されペイネ美術館に

実現するためには、建築を構成する部材や素材への知識が必要であり、それはむしろ身近な木造文化のなかで培われた職人の技術のなかに発見できることを理解したにちがいない。そしてレーモンドが吉村と前川という協力者を得てみずからの方法へ手がかりを得たのが、一九三三年に軽井沢に建てた「夏の家」だった。

この別荘でレーモンドはル・コルビュジエのエラズリス邸のアイデアによりながらも、建設に必要な材料はすべて現地のものを用い、簡単な図面だけで大工と相談しながら建設プロセスに立ち会い、残った木材や綱、藁などで椅子やテーブルを制作する。それはル・コルビュジエの示した最前線の近代建築を手づくりの木造で追体験することでもあった。そしてレーモンドは、そこに日本の伝統から学んだエッセンス、すなわち構造体そのものが簡素な仕上げとなって空間を構成すること、全面開放できる開口部によって内外の空間が一体になることを明快な形に結実させたのである。それは同時にレーモンドが、自然と調和し、日常生活を豊かにする簡素な建築をつくることが近代建築の目標であり、日本の気候風土に適した空間を追求することが日本の近代建築にとって大切なテーマであることをあらためて確信した瞬間でもあった。

こうして「夏の家」は、ナカシマの言う現代と伝統を統合することの意味を、その場に居合わせた吉村や前川らにも理解させたのだと思う。当時すべてが西欧化へと向かい、一方で偏狭な伝統の袋小路に陥っていたなかで、近代建築の本質へと迫る独自の道筋を共有できたことは彼らにとって貴重な原体験となったのである。

しかし時代は急速に暗転し、その共同作業は中断を余儀なくされる。すでに一九三一年には満州事変が起こり、日中戦争も間近に迫っていた。また太平洋戦争を目前にして日米関係も急速に悪化し、アメリカ人建築家のレーモンドは仕事を失っていく。

こうしたなか前川は、みずからレーモンド事務所へ誘った後輩の同僚三人とともに翌年の一九三五年十月に独立する。しかしそのスタートは、バラック建築の改装である森永キャンデーストアー銀座売店たったひとつをもっての厳しいものだった。また偶然にも、開設した事務所はレーモンド事務所から一〇〇メートルほどしか離れていない銀座商館ビルにあった。この場所で前川は、建築資材統制によって国内の建設が壊滅的な状況のもと引きつづきコンペでの模索を続けながら、植民地の満州や上海にも仕事の活路を求めていく。そしてル・コルビュジエとレーモンドの方法を統合しつつ、日本の伝統と近代建築を結合させた試みといえる前川國男自邸（一九四二年）や、在盤谷日本文化会館コンペ案（一九四三年）などを手がけ、一九四五年、レーモンドと無縁ではなかった

前川國男自邸。解体から4半世紀を経て1996年、江戸東京たてもの園に移築

空襲によって事務所を焼失して戦後を迎える。

またナカシマは、前川が独立の直前に基本設計をまとめたインドのスリ・オーロビンド僧院宿舎（一九四二年）の現場監督に志願して日中戦争下の一九三七年、インドへと渡る。建設に携わるなか僧院のもつ高潔な精神にふれ、報酬を返上して共同体の一員に加わっている。しかし一九三九年、みずからの道を求めることを決意した彼は日本へと戻り、前川の仕事を半年間手伝った後、一九四〇年、政局の悪化を避けるようにして祖国アメリカへと帰国する。

そしてレーモンドも一九三八年、ナカシマの後を追うように日本を離れ、インドの現場に数ヵ月滞在した後、日本へ戻ることなくそのままヨーロッパ経由でアメリカへ帰ってしまう。ニューヨークに事務所を構えつつ、フィラデルフィア郊外ニューホープの広大な牧場を買いとり、一九四〇年には既存の建物をアトリエと住居へと改修して活動を再開する。それは「夏の家」で得た経験を継続することでもあった。

一方、吉村は一九四〇年、レーモンドから協力要請を受けて困難ななかで渡米し、ニューホープのアトリエに加わっている。彼は新たに出会った周囲に残る民家や農家の納屋の美しさにも学びながらカレラ邸（一九四二年）などの計画を通して、レーモンドとともに引きつづき伝統を活かした住宅の設計を手がけていく。しかしその生活も長くは続かなかった。翌年の一九四一年七月、日本への最終船で帰国し、ある決意をもって太平洋戦争の始まった十二月八日当日に事務所を開設する。

さらに、ついに始まった日米間の戦争はアメリカに戻ったナカシマとレーモンドを大きな歴史の渦のなかへと巻きこんでいく。

帰国後、郷里シアトルで家具工房を設立して活動していたナカシマは、一九四二年、日系人であることを理由にアイダホ州の収容所へ抑留される。しかし、それを伝え聞いたレーモンドが身元引受人になることによって翌年には解放されてニューホープへと移り住み、不自由な生活のなかで木工作家への道を歩みはじめる。またこのシアトル時代に親交を結び、抑留中にも支援を続けたのが、戦後に京都へと移り住み、主任司祭としてナカシマに桂カトリック教会（一九六五年）の設計を依頼することになるチベリー神父だった。戦争は人と人をつないでもいったのである。

一方、レーモンドは、戦時下に軍へ協力し、直接的には戦前からの施主でもあったスタンダード石油に正式依頼された仕事として、皮肉にも日本の木造家屋への知識を活かしてユタ州の砂漠に建てられる精巧な実験用モデル住宅を設計する。それは一九四五年三月十日、東京大空襲で使用されることになる焼夷弾の効果を試すためのものだった。(2)

このようなさまざまな経験を経て、彼らは戦後を迎える。

最初に活動を再開したのは前川だった。唯一戦災を免れた自邸の居間を事務所とし、戦争によって生じた四百二十万戸という住宅不足に対応すべく、木造のプレファブ住宅プレモスの試作にとりかかる。終戦直後、一九四五年九月のことだった。それは遠くル・コルビュジエのもとで手がけた最小限住宅案（一九二九年）の理念と、レーモンドに学んだ身近な木造の技術をつなげる作業でもあった。その後、前川はレーモンド時代を引き継ぐかのように「テクニカル・アプローチ」というテーマを掲げ、構造の軽量化を図りつつ、近代建築を支える素材と構法の開発に取り組みはじめる。コンクリートの構造体をあらわした開放的なロビーと明るい閲覧室をもつ神奈川県立図書館・音楽堂（一九五四年）は、ひとつの到達点だった。しかし一方で、戦前にレーモンドのもとで試みたコンクリート打ち放しが、雨の多い日本の気候風土では無残にも汚れてしまう現実にも直面する。そこで前川は、日本古来の伝統である焼き物に注目し、「打ち込みタイル」という独自の構法を開発していくのである。晩年の熊本県立美術館が竣工した一九七七年に前川が記した言葉が残されている。

「建築を作り上げる素材及び構法は最も「平凡」なものが一番よいと考えます。そのような単純明快な素材及び構法によって「非凡な結果」を得ることこそが大切だと考えます(3)」

ここからは前川の到達点にあった思想を読みとることができると思う。それは明らかに、レーモンドの求めたものと大きく重なっている。

一方、吉村は母校に戻って建築教育に携わりながら、住宅を中心とする設計活動をスタートさせていく。それは戦前に日本とアメリカでレーモンドとともに試みた、伝統的な建築に学んだエッセ

「軽井沢の山荘」（吉村別荘）

ンスを近代建築に注ぎこむ作業の継続でもあった。異なるふたつの風土で伝統的な民家に接した経験は吉村にとって何よりの収穫となったことだろう。彼自身の別荘、森の中の家（「軽井沢の山荘」一九六二年）は吉村が他の誰よりも深く「夏の家」での経験を理解していたことが生んだ成果であり、戦争という時代をこえて変わることなくもちつづけた建築観をよくあらわしている。後期の代表作のひとつ愛知県立芸術大学（一九六六―七四年）も、住宅を通して培われた考え方が結実した建築だといえる。完成の翌年におこなわれたある対談で語られた次の言葉からもそのことが伝わってくる。

「建築の一つの使命といいますか、そういうものは、人間が竪穴住宅をつくるころから、一番少ない労力で、一番少ないマテリアルで、いかに一番楽しいスペースをつくるか、という哲学があると思う(4)」

またナカシマは、木工作家としての活動を続けながら、レーモンドの「夏の家」やニューホープのアトリエでの建設プロセスを反芻するかのように、手に入れた土地にみずからの手で仕事場や住居、ショールームなどを建てていく。なぜ木工作家を志したのか、後年、彼は戦前から戦後にかけての苦しい時代を振り返って次のように記している。

「とにかく自分で仕事をしたいと思い、アメリカの建築をみて歩いたが、日本やインドの仕事にくらべて、アメリカの仕事は無器用で杜撰で、金のことしか考えない仕事ばかりだった。最初から最後まで自分の責任をもつ仕事でなければ満足できない私は、そんなアメリカの建築の実情に絶望し、建築をやめて家具づくりをはじめたのだった」(5)

同じ文章のなかで、彼は「何もないところから何かを作るのはおもしろいものだ」とも記しているが、ここにもナカシマがレーモンドのもとで学んだことが読みとれる。そして先にふれたように、戦時下のチベリー神父とのつながりはナカシマに桂カトリック教会という建築を手がける機会を与えたのである。またその実施設計と現場監理は、当時早稲田大学大学院に在籍していた長女のミラ・ナカシマと甘粕哲によっておこなわれた。シェル構造の大きな屋根をもつこのコンクリートの簡素な教会には、遠くナカシマのレーモンド事務所での最初の仕事だった木造の聖ポール教会と通じあう空間性が感じられる。そこには彼のデザインによる家具や照明も設置され、信者たちの祈りの場としていまも大切に使われている。晩年の著書を締めくくる次の言葉のなかに、長い経験からたどりついたナカシマの境地がうかがえる。

「孤独を愛し、家族と結び合い、一つ一つ石を積み上げ、木の一片一片との近親関係を求め、最後には空間の内的な秩序を作り出していく。こういうやり方以外に、私には方法がない。私はそうすることで、木材を有用なものに、そして恐らく、自然がほほえみかけた時には美しいものに、形づ

リーダーズダイジェスト東京支社（1964年解体）

くりながら、少しずつ少しずつ安らぎと喜びを、見付け出している(6)」

そして戦後のレーモンドは、一九四八年ふたたび日本へと戻り、戦時下の事務所を守っていた所員たちとともに翌年の一九四九年には事務所を再開し、それまでの経験を注ぎこんだリーダーズ・ダイジェスト東京支社（一九五一年）を出発点に戦後の設計活動を開始する。やがてレーモンドはみずからの考えを端的な五原則、「建築は、simple,natural,economical,direct, そして honest でなければならない」にまとめ、「建築は力強くなければならない」と所員たちに繰り返し教えたのだという(7)。その建築思想の集大成となったのが群馬音楽センター（一九六一年）だった。

その戦後のレーモンド事務所へ日本楽器ビル（一九五一年、二〇〇七年解体）の現場を経て入所したのが増沢洵（一九二五—九〇年）である。彼はレーモンドのもとで聖アンセルモ教会（一九五五年）や八幡製鉄体育館（一九五六年）などを担当する。

群馬音楽センター

その一方で自邸「最小限住居」（一九五二年）、「コアのあるH氏のすまい」（一九五三年）、新宿風月堂（一九五五年）などみずからの作品を次々に発表し、精力的な設計活動を展開した。その最中の一九五五年、彼は次のように記している。

「使う人にとって必要なものは設計者の感覚でもなく、施工者の労力でもなく、当然の事ながら、現在の使い方に適した科学的な計画と、近代技術の裏付によって実現される単純な空間である」[8]

増沢には吉村や前川のような伝統へのこだわりは少なかったにちがいない。むしろ彼はフィリップ・ジョンソンのグラスハウス（一九四九年）など戦後の海外における最前線の動向に触発されながら、テクノロジーへの信頼をバネに精緻を極めたディテールと構造的な工夫によって、レーモンドの建築を理念的な極限まで洗練し、純化させていこうとしたのである。

さて、こうして一枚の写真から戦争を挟んでレーモンドと四人の弟子たちの活動をみてきた。

レーモンドは、日本の近代建築にとって伝統と近代建築を結びつける「触媒」のような存在だったのだと思う。日本の建築家は、レーモンドによってはじめて身近なところにある民家や伝統的な建築から近代建築のエッセンスが得られることを教えられた。また近代建築が日本の生活に根づくためには、長い木造文化のなかで培われてきた職人の知恵と技術に学び、それを新しい視点から現代へ変換することが重要であることにも気づかされた。そしてレーモンドは、生活を豊かにするシンプルで力強さを備えた空間こそ、近代建築がめざすべきものであることを伝えたのである。

このレーモンドと日本という視点から四人の残した仕事をみるとき、彼らがある時代に共有し、みずからの課題として発展させ、継承していったものの輪郭がくっきりと浮かびあがって見えてくるのではないだろうか。そこには身の丈にあい、自然とゆるやかに対話する、簡素でありながら心地よい空間を求めた日本近代建築のもっとも大切な核心部分があるのだと思う。激しく動く現代にあって、それは私たちに繰り返し立ち戻ることを促す豊かな源泉としてありつづけている。

ジャパニーズ・モダン　シャルロット・ペリアンと日本

シャルロット・ペリアンと日本との関係は、大戦間の一九二八年四月、ル・コルビュジエのパリのアトリエで同僚となった前川國男との出会いに始まる。そのバトンは一九三一年六月、前川の紹介でちょうど入れ替わるようにアトリエに入った坂倉準三へと手渡されていく。さらに一九三六年四月、アトリエでの修業を終えて日本へ帰国する直前の坂倉は、ペリアンに「日本とは何かを教えるために」岡倉天心の『茶の本』を贈り、「自分の成長を分かち合って貰うために」「日本に招く」と約束したという。[1] この約束どおり、ペリアンは坂倉の招きで商工省貿易局の「本邦工芸品意匠図案ノ改善」という辞令を受け、一九四〇年八月二十一日、はじめて日本の地を踏んでいる。

来日したペリアンは、柳宗理を案内役に京都や奈良をはじめ倉敷、山形や秋田まで、日本各地をまわり、清新な眼で日本の工芸品や建築、庭園などを観察し、そこから現代へ活かすことのできるデザインのエッセンスを学びとっていく。さらに豊口克平や剣持勇ら商工省の工芸指導所の若い研究員たちにみずからが範となるかたちで実践してみせることによってモダン・デザインの方法、すなわち材料から製作へといたる一連のプロセスのなかにモノの成り立ちを分析的に見つめ、それを明晰な構成によって組み立てる原理性をもちこむことの重要性を示していく。こうして一九四一年三月、ペリアンは約六ヵ月にわたる作業の成果を坂倉との共同によって「選択・伝統・創造」というテーマの展覧会に結実させる。そして図録の末尾に次のような言葉を記したのである。

「この展覧会は謂はば私の日本に於ける最初の整理であり、一つの出発点をなすものに過ぎない。この展覧会は一つの標準の形を示して居るものではない。あらゆる表現形式が可能なるものとして今後に残されて居る。これを出発点としてあらゆるものが創らるべきである。そしてそれこそ私達の喜びである[2]」

この文章には、日本の人々へモダン・デザインの方法を提示し、ひとつのきっかけにしてほしいというペリアンの謙虚な願いが読みとれる。さらに当時、展覧会に合わせて開かれた講演のなかで次のような、より具体的なメッセージも発信されていた。

「新しい転換の時に当つて、あなた方は迷はれてはなりません。私はあなた方に三つの点をお示ししたいと思ひます。

第一にあなた方が自分の伝統の中に汚さずにお持ちになつて居る立派な物質を失はずにお守りなさることであります。即ち美しい材料に対する愛情、秀れた技術に対する愛着、美しい形に対する感受性、それからものとものとの間にある釣合の調和に対する非常に繊細な感覚、さういふものを決して失はないように。ここで一言付け加えて置きたいことは伝統を守れといふことは過去のものを墨守せよといふことでは決して ありません。伝統の基礎に立つて、それから「前に進む」といふことであります。新しい時代に適はしい「前進」があつて始めて本当の伝統が生きるのであります。

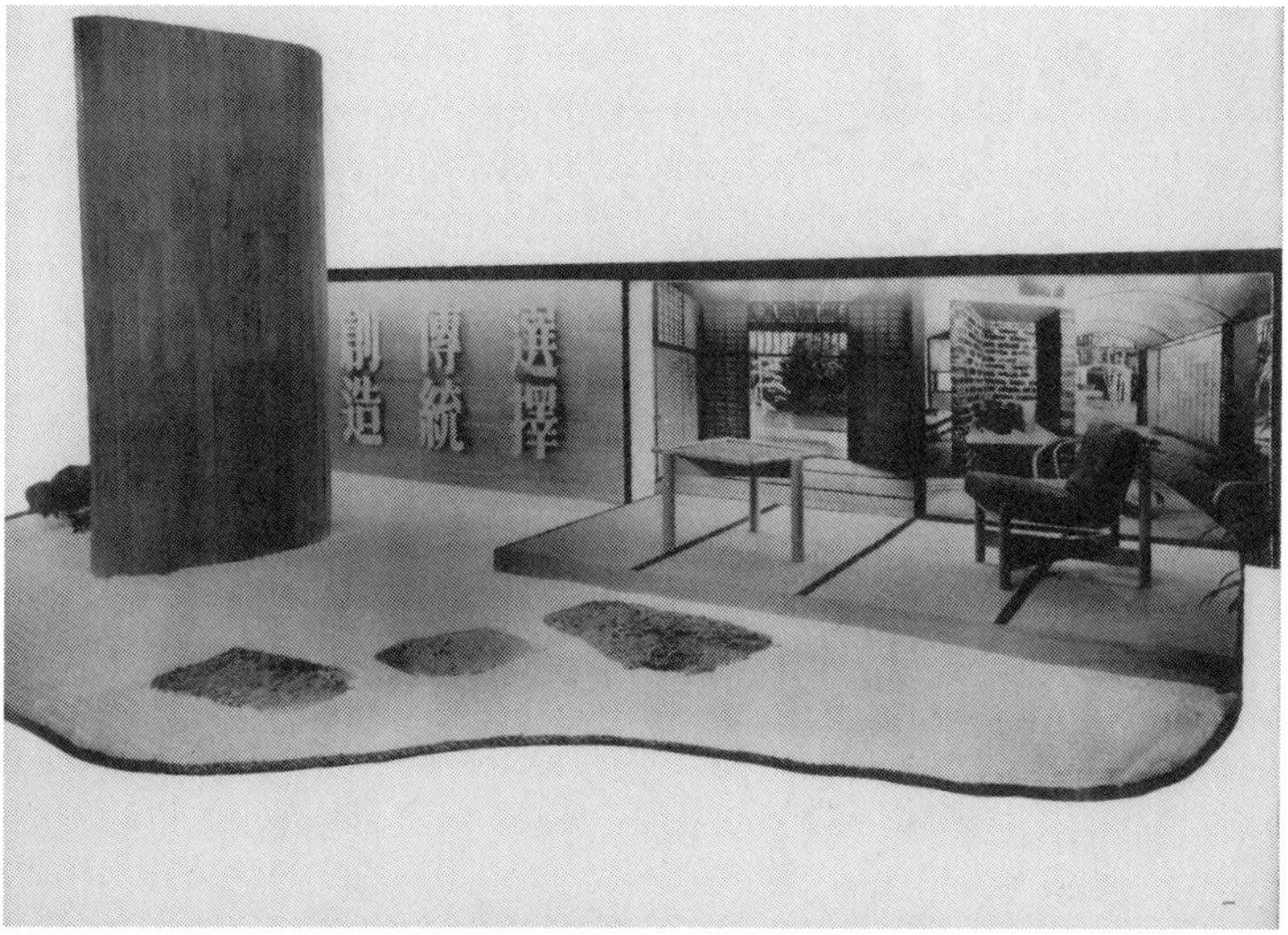

「選択・伝統・創造」展東京会場。下・同展で展示された竹製シェーズロング

1940年、工芸指導所でのペリアン（中央）

第二はあなた方の新しい生活のプログラムをお立てになるといふことであります。（…）第三には工芸上の製作技術の改良であります。常に新しい進歩に応じ、あなた方がお持ちになつて居る技術を全体的に進歩させるといふ考えをお捨てにならないやうに。この三つの点を真実なる伝統の基礎の上に立つて新しい時代に入られんとするに当つて、特に指摘したいと思うのであります(3)」

ペリアンは、日本の伝統のなかにある「美しい材料」や「秀れた技術」を「新しい生活のプログラム」と「製作技術の改良」によって新しい時代にふさわしいものへと「前進」させることの大切さを伝えようとしたのである。けれども、すでに日中戦争が勃発し、太平洋戦争へと突き進みつつあるなかで、ここに示された新鮮な視点は生かされることはなかった。この「選択・伝統・創造」展から半年後の一九四一年十月には、同じ髙島屋を会場として商工省の主催で「戦時経済体制に即応せる国民生活用品」を展示した「国民生活用品展覧会」が開催される。その会場には「簡素の美は何処にでもある」とのスローガンが掲げられ、生活用品の指標が「耐久堅牢」「簡素明快」「材種適正」「価格低廉」にあると謳われた(4)。工芸指導所に在籍してペリアンと直接的な交流があった豊口克平は、戦後、当時を振り返って次のように記している。

「戦争突入によって生活物資が漸次軍需にふり向けられ、国民の生活信条は強制的に〝間に合わせ〟となり、政府の指導的屁理屈は〝簡素の美〟〝日本的簡素美〟を強調した(5)」

ペリアンが蒔いたモダン・デザインの方法という貴重な種は受けとめられることも、ここから発展されることもなく、むしろ皮肉にも戦時体制の遂行のための資材統制の方便として「簡素の美」という形へと矮小化されてしまうのである。

さて、一九四五年八月の敗戦を迎えた戦後の日本は、どのように歩みはじめたのだろうか。戦後直後の過酷な時代をくぐり抜け、連合国アメリカによる占領から解放されて独立を果たす一九五一年ごろからは、朝鮮戦争による特需を契機とする建設ブームも追い風となって復興への道筋が見えてくる。また建築界においても一九五〇年、戦前から長く続いていた資材統制がすべて解除され、ようやく鉄筋コンクリートや鉄骨を用いた本格的な近代建築の建設が可能となっていく。そして一九五五年におこなわれた座談会(6)で坂倉準三が「日本では第二次世界大戦後になってはじめて近代建築の活動が本格的になって来た」と語り、丹下健三も「日本の近代建築の起点はたしかに第二次大戦後だといっていい」と述べていることからもうかがえるように、戦争によって中断を余儀なくされた日本の近代建築は、一九五〇年代に念願の再スタートを果たすことができたのである。

しかし当時の日本の建築界では、ペリアンが戦前に提示したような伝統を基礎とするモダン・デザインの方法はどれほど自覚されていたのだろうか。戦後に入り、近代建築の重心がヨーロッパからアメリカへと移り、急速に発展する工業化を背景に次々に目新しい建物がつくられていくなか、日本の建築界はみずからの足元を見つめることなく、むしろ最先端の技術とデザインの流行を追い求めることへと急ぎ踏みだしていってしまう。その一方で、戦後の世界の建築界に復帰を果たした日本には一九五一年のリチャード・ノイトラや一九五四年のワルター・グロピウスなど海外の著名な建築家たちがあいついで来日する。彼らは戦前のブルーノ・タウトやペリアンと同じく桂離宮や伊勢神宮、民家などに近代建築のエッセンスを認めて絶賛の言葉を残していく。こうして木造建築から急激な近代建築への転換が進み、日本建築へ世界の注目が集まるなかで、建築評論家の神代雄一郎は一九五四年に日本の近代建築について次のような独自の理解を示していた。

「日本の建築家、それも私たちのような若いものにとっては、その仕事の大半が木造建築であって、よほど恵まれた機会のない限り、鉄骨や鉄筋の仕事をすることが出来ない。（…）私たちが、木造建築とどんな取り組み方をしているかを考えてみたい。即ちそれは近代社会における木造建築のあり方を問うことであり、ひいては近代建築における手仕事の位置づけをすることにもなろう。

　ところで私たちは常日頃、日本の過去の建築の歴史や伝統について考えることがあるだろうか。あるいは設計に当って、日本の古建築を近代の眼で見直すことがあるだろうか。かつてヨーロッパで近代建築の動きが見られ始めた頃から、欧米の建築家は日本の秀れた木造建築に瞳を集め、それを工業化していったのであった[7]」

　いまからは想像できないが、冒頭で自嘲的に書かれているように、一九五〇年代の日本は依然として木造建築の国であった。統計資料からも日本が「木の建物の国でなくなる」[8]のは東京オリンピックが開催される前年の一九六三年ごろであったことがわかる。神代は、本格的な近代建築が建てられるようになった時代だからこそ、戦前の欧米の建築家がそうであったように「近代建築の眼」で木造建築という伝統とそれを支えた手仕事の意味を見直し、それらを近代建築へつなげることの大切さを問おうとする。さらに同じ文章のなかで、神代は次のような視点を提示していく。

「日本の木造建築は、果たして近代建築の発展の中でどのような役割をはたし、どのような位置づけを得るようになるだろうか。(…)木造手仕事の建築は近代化の拡大深化によってその範囲を極めて小さくしか残し得ないだろうけれども、しかしアルヴァー・アアルトがフィンランドの風土と豊富な木材を背景としてゆるやかな曲線のすぐれた作品をつくったように、ル・コルビュジエがマテの別荘で石積と木材の素晴らしいコンビネーションを示したように、ライトがゆるやかな屋根と深い軒の出の安定した型をつくり上げたように、(…)そして日本の木造建築が現在までその単純さ、幾何学的なモデュラー、プロポーション、庭(自然)との取りくみで注目されてきたように、その芸術性という点では近代建築の動きのなかでむしろ重きをなしてゆくと思われる」[9]

神代はその結論を「私は手仕事の近代性なり芸術性が近代建築に先行しうる可能性を見いだすのである。そしてまた国際的な前衛たりうる立場を認めるのである」と結んでいる。風土に培われた長い木造文化と手仕事の伝統こそ近代建築に芸術的なインスピレーションを与える豊かな土壌なのではないか、という戦前のペリアンともつながる考え方だった。しかしこの視点も、一九五〇年代後半に本格化する高度経済成長の大建設時代のなかで広く共有されることはなかった。

むしろ戦後のペリアンこそ、最初の日本との出会いのなかで気づいたことの意味を深く受けとめ、それに形を与えようとする努力を戦後へと継続させていったのではないだろうか。やはり最晩年におこなわれた一九九八年のインタビューのなかに次のような発言がある。

「ひとつ大切なことがありました。日本の建築はとても民主的で、日本全土にわたって同じ建築物が建てられていました。特に私が行った時はそうでした。伝統的な家をつくっている要素は、天皇の家であっても、農民の家であっても同じだった。違いは木の質、布の質、紙の質であって、そういうものをどれだけ頻繁に取り替えるかだけで、基本的な構造は同じだった。これは世界唯一の例です、日本しかありません。こちらでも標準化は行われてきましたが、いつもプロジェクトごとのことです。こちらは個人主義なんです(10)」

この発言を裏づけるかのようにペリアンは同じ年に出版された自伝のなかでも、日本では「私たちの前衛の夢の原則が国家単位で日常生活にはいりこみ、実現されている。それを称賛するよりほかはなかった(11)」と記している。彼女はル・コルビュジエを中心とする前衛＝近代建築運動の先駆者たちが追い求めた、工業化による標準化された部材による快適で自由な空間の創造という原則が、日本ではごく日常の生活のなかであたりまえのように実現されていることに驚嘆したのである。そして具体的には、同じく自伝のなかで「日本家屋は極限まで規格化されているが、それでも予想されるほどの画一性を招くことはなく、建築のなかに完全に収納をとりこみ、住居内に秩序と空をつくっている。それが私の頭を離れなかった(12)」とあるように、ペリアンは戦後のフランスで工業化によって「収納の規格化」をめざしながら、日本の障子や襖にヒントを得たシンプルで軽い「新形式の引き戸」を考案し、開放的な室内空間のデザインを試みていく。そしてそれは一九五〇年、ル・

コルビュジエと共働したマルセイユの集合住宅「ユニテ・ダビタシオン」の台所や寝室の収納でひとつのプロトタイプとして実現する。興味深いのは、この一九五〇年の時点においてペリアンが日本に学んだ規格化による秩序にたんなる機能性をこえた性質、すなわちそれを使う人々に自由を与えることのできる居住のための空間に「住まいの芸術」を発見したことである。自伝のなかでは次のように説明されている。

「コルビュは「装飾芸術」という言葉を「住宅の設備」でおきかえた。私はそれを「住まいの芸術」でおきかえた。それはのちに、一九八五年に装飾美術館で開催された私の個展のタイトル「アン・アール・ド・ヴィーヴル〔生きる芸術〕」となった[13]」

「住宅の設備」から「住まいの芸術」へ、そして「生きる芸術」へという道筋こそ、ペリアンが日本を通して発見し、みずからの生涯のテーマとした近代建築の目標だったのだと思う。だからこそ、その途上の一九五五年四月、ふたたび日本で実現した展覧会「巴里一九五五年　芸術の綜合への提案——ル・コルビュジエ　レジェ　ペリアン三人展」に寄せた文章[14]のなかで「今の私には住居の装備と建築と「芸術」とが離れ離れになることが出来るとは到底考えられません」と記し、これまでみずからが続けてきた作業について次のように紹介しようとしたのだろう。

「私は椅子、テーブル、整理棚の各部品から成る家具の全体を展示することにいたしました。(…)これらのものは大量生産に移す前に、すでに三年の実験の過程を経た標準規格の原型であります。実際に使いよく、人間的親しみを持っているようにしようとして、私はこれらの部品をアルミニュームとか、プラスチックとかの材料で、できるだけ大量に生産できるように工業化する一方、また例えば素地を生かした木製の机の甲板のような工匠の仕事でできるものをそれに加えて、機械製品

「ル・コルビュジエ　レジェ　ペリアン三人展」。高松宮を案内するペリアンと坂倉準三

も手で作ったものもその本来の価値がすべて生かされるようにしたのであります」

日本の畳や障子、襖がそうであったように、住居を構成する整理棚や家具などを大量生産できるように標準規格の原型となるレベルまで高めること、同時に、それらが使いやすく、人に親しいものとなるために「手で作ったもの」の価値を生かすこと。ペリアンはこうした地道な努力の先に、芸術の総合としての住まいの空間が立ちあらわれることをめざしたのではないだろうか。しかし、ペリアンがこの二度目となる展覧会を通してより明快な形で提示しようとしたモダン・デザインの方法は、当時の日本の建築界で理解されることはなかった。自伝にも展覧会が開かれた当時の日本を振り返って次のような回想が記されている。

「日本には、私が一九四〇年代に知った日本がまだ残っていた。だが、(…)経済的必要性が日本に、ビル、工場、西欧から基本的発想を得た製品を生産させ、それは日本の生活の枠組みに静かに浸透している。この国は現在、相反するふたつの文明のあいだで引き裂かれている[15]」

ペリアンは、日本に奇跡的に残っていた伝統が「経済的必要性」にもとづく西欧的な近代化によって「引き裂かれ」、失われつつあることをひとり見つめていた。だが戦前に続いて、日本の建築界はみずからのもっているものの価値を活かすことなく貴重な手がかりを見失ってしまうのである。

そうしたなかで、同時代においてペリアンの仕事をもっとも深く理解していたと思われる人物がいた。戦後を代表するデザイナーのひとり、剣持勇である。彼は戦前の工芸指導所時代からペリアンと交流があり、戦後もそれを引き継ぐ産業工芸試験所の意匠部長として活躍した。そして偶然にも、三人展が開催された直後の一九五五年七月に独立してみずからのデザイン事務所をスタートさせている。また独立直前の一九五二年の四月から十一月までの約七ヵ月間は公務でアメリカへと渡り、最前線のデザイン事情を視察し、チャールズ・イームズやミース・ファン・デル・ローエ、フィリップ・ジョンソン、ジョージ・ナカシマらとも会っていた。帰国直後に記された文章[16]によれば、この視察で剣持が何よりも驚かされたのは「アメリカ人の日常生活に対するモダーン・デザインの浸透ぶり」であり、それが「こうまで民衆化されているとは思わなかった」という。また「私達日本のデザイナーがやるべきところを先廻りしてしまったかのような観」を抱くほどアメリカにおいて日本調のデザインがもてはやされている事実にも遭遇する。そして「誰も手をつけていない本格的な輸出工芸の本道が、ここに横たわっている」と記している。おそらくこのとき剣持は、戦前に輸出工芸の指導に訪れたペリアンが提示した日本独自のモダン・デザインの方法がもつ大きな可能性をまっさきに取り組むべき「輸出工芸の本道」として、より切実な形で自覚したのではないだろうか。だからこそ、欧米のデザインの移入にやっきとなっていた当時の日本のデザイン界に向けて、同じ文章の最後で次のように問いかけずにはいられなかったのである。

「私達は海外の事柄ばかりに気を取られて自分自身の底力の存在を忘れかけているようでもある。〝外国に遅れている〟〝外国を吸収しろ〟がいつの間にか〝外国の後の真似をしろ〟に代ってしまったようでもある。先方がこちらを尊敬しているのに、こちらでは尊敬されるべき値打のものを失いかけようとしてはいないか、私達は技術についてはもっともっと積極的に外国を吸収する必要がある。しかし創作については創意を熟思の上断行するに当って外国作品をファッションとして気にすることは毫も要らないのである」

こうして、剣持がこの直後になぜ唐突にもジャパニーズ・モダンという目標を掲げたのかが見えてくる。残念ながら、この言葉は誤解されて安易な日本調を鼓舞するものだと批判されてしまう。しかし剣持は、次のような文章を記し、みずからの真意をより正確に伝えようとする。

「ジャパニーズ・モダーン・デザインとは、(…)日本における今日のよきデザインという意味である。特別な様式確立を目指して、これにつけたタイトルでもモットーでもない。(…)グロピウスおよび、グロピウスの下に集った人々による造形運動(バウハウス運動)は様式の確立ではなくして、工業の時代における人間生活の探求であった」[17]

剣持は、ペリアンに先立って一九三三年に工芸指導所へ招かれたブルーノ・タウトとも接していた。またバウハウスの影響を受けたドイツの優良製品のカタログや資料などを取り寄せてデザインの最前線からも学ぼうとしていたという。[18] だからこそ、「ジャパニーズ・モダーン・デザイン」を戦後の日本にもっとも欠けていた「工業時代における人間生活の探求」として提唱したのだろう。

そして一九六〇年、ペリアンが坂倉準三との協働によって最初で最後となる実作の「エールフランス航空・東京案内所」を完成させた際、剣持は次のような文章を寄せていく。

「この作品は、インテリア・デザインの本来の在り方と、それが必要とする基本的な条件（思考とか技術とか）の主なものを余すところなく示してくれる典型例ということができよう。（…）ペリアンのもっている技術家としての一面を知り得る画期的ともいえる構造詳細や材料の駆使をみる。（…）私はこの作品を通じて、ペリアンこそ日本人だけが理解する「しぶい」を最も深く体得している最高の西洋作家の一人であると高言してはばからない[19]」

剣持は、ペリアンの実作にみずからのめざすジャパニーズ・モダン・デザインの姿を重ねあわせようとしたにちがいない。しかし高度経済成長のなか、消費的な流行のデザインを求める日本の現実はその思いを受けとめることはなかった。彼のパートナーの松本哲夫が、剣持は「経済成長で物質的に伸びきった日本人の生活態度に恢復し難い精神の荒廃[20]」を感じていたと書きとめたように、彼を「現代日本が生んだ悲劇的デザイナー[21]」へと追い詰めていってしまうのである。

一九九二年、前川國男の没後に発刊された雑誌の特集号に寄せたインタビューに、ペリアンの次のような言葉が残されている。

「コルビュジエの仕事から発せられるものは、近代をどう捉えるかの考え方です。人間は自分の置かれた環境の中で初めて近代を考えることができるのです。従って、置き換えるということは別のもの（形）になるのです。前川はこのことを理解していました。彼の環境や日本人としての、また伝統から受け継いだ記憶と近代性を、彼独自の方法で結合させていました[22]」

ここでペリアンは、前川の仕事にル・コルビュジエの求めたものを重ねあわせようとする。すなわち、みずからの置かれた環境のなかで伝統と近代をいかにして結合させるのか、が近代建築に託された大きなテーマであることをあらためて確認しようとしたのである。自伝のなかでも「前川はもっとも伝統に深く根ざしながら、だれよりも現代的でもあった」[23]と回想し、「生きること、それは私たちのなかにあるものを生かすことだ」[24]と記している。

ペリアンと日本の建築界との交流から次第に浮かびあがって見えてくるものとはなんだろうか。それは連綿と続く建築の歴史と周囲の環境のなかから人間との変わらない関係性を探り、それをよりよきものへと再編成する方法を発見しようとするペリアンのまなざしであり、彼女が見つめた日本の木造文化がもっていた普遍的な価値だったのだと思う。

II

プレモスというミッション　前川國男の復興住宅

「君は前川國男の事務所に入所するのに、プレモスのことも知らないのか」。深い吐息とともに真顔で言われた。学生時代の一九七九年夏のことだ。そう語ったのは、宮脇檀（一九三六―一九八年）。前年の夏に日本建築家協会のオープンデスク制度に申し込み、代官山にあった宮脇さんのアトリエで研修を受けた。そのこともあって、就職先の報告にうかがった際の個人的なエピソードである。宮脇さんが嘆いたのも当然だった。後年、二十代の宮脇さんが学生たちと精力的にまとめた建築雑誌の特集に、彼の執筆と思われる次のような文章を見つける。

「敗戦後の数年間というもの、荒廃した社会、絶望的な住宅事情が建築家の職域を限定もし設計の理念や対象を制限していた。プレモスはそういった時期における住宅設計の悲劇的な象徴と言えるだろう。（…）木造というスタートの致命的な規制、この程度の住宅でさえ手に入れるのが不可能であった社会事情、低い工業力と手大工の存在。（…）単に理念や技術上のやりくりだけで工場生産住宅が存在できる時代ではなかった社会的背景。（…）このような状況下で、建築近代化の命題を追求

プレモスの組み立て作業風景

した前川事務所の姿勢は、住宅難と住宅供給を安直にプレファブに結びつけて提案された現在までの数多い実例の中で、「高く評価されねばならない」[1]

いまから振り返ると、東京オリンピック開催の同年に戦後住宅の歩みを地道にまとめようとした宮脇さんの歴史へのまなざしに驚かされる。それにしても敗戦後の混乱のなかで、なぜ前川は木造のプレファブ住宅に取り組んだのか。一九五五年、前川は次のような回想を残している。

「終戦の頃、私達は山陰の鳥取市の近くにある山陰工業株式会社という大型のグライダーの製作工場の建設にたずさわっていた。工場がどうやら整備されて待望のグライダーがやっと数機出来上がったところで呆気なく戦争は終わってしまった。大勢の職工と大きな木工場を抱えて会社はトタンに路頭に迷う事となった。途方にくれる当路の人は私達に何か名案はないかと尋ねた。何の躊躇もなく住宅のプレファブを提案してこれにとりかかったわけである。「プレモス」と言う名称は小野薫君と私達が宿舎の温泉にヒタリ乍ら考えた名前である。「プレ」はプレファブの「プレ」であり、「モス」は前川事務所と小野薫君と山陰工業の頭字を一字づつとって作ったものであった。「私達に出来る事で敗戦の国民にもっとも必要な仕事」というわけで数年間ホントに一生懸命に没頭した。私達は「プレモス」住宅のみを目標にこのパネルと取組んだわけではなかった。すべてをプレファブリケーションという遠い遥かな目標との関連に於て考えつづけた。苛烈なインフレとの闘い、無理解な当局との論争、厖大な進駐軍工事を尻目に、烈しい風波と闘った当時の純情な事務所の若い諸君に私は永久に敬意をささげたい[2]」

文中の小野薫とは、前川の二年先輩で東京大学教授の構造学者である。おそらく当時の前川には、より切実な問題意識、すなわち敗戦とともに残された四百二十万戸におよぶ膨大な住宅不足をどう解決し、建築の工業化の先にどのような生活世界を築くのか、という建築家としての自覚と目標があったのだと思う。プレモスに取り組んでいた最中の一九四六年二月、前川が戦後はじめて記した次のような文章がある。

「われわれは戦争で家を焼かれて見てはじめて家の有難さをしみじみと感ぜざるを得ない。まことに一日の労苦を癒し慰めるものは暖かい家の恵みである。更に我々の心を休め活動の力を与ふるものは健康なる食物と共に清明なる家である。戦争中生産増強の要望に応えて鶏小屋の様な群少《［ママ］》住宅が工員の為めに急速生産された。戦争は少くとも日本に於ては「一列右へならえ」でなくては勝てぬとされた。そして極度の資材と労務の合理化節約を強要された粗悪な矮小な家が美しい国土を埋めつくした。しかも戦は敗れざるを得なかったのである。此等粗悪な「家」は果して新らしい日本の活力の培養に役立ち得るであろうか。（…）今日以後我々は日本人の生活の矮小化を全力をつ

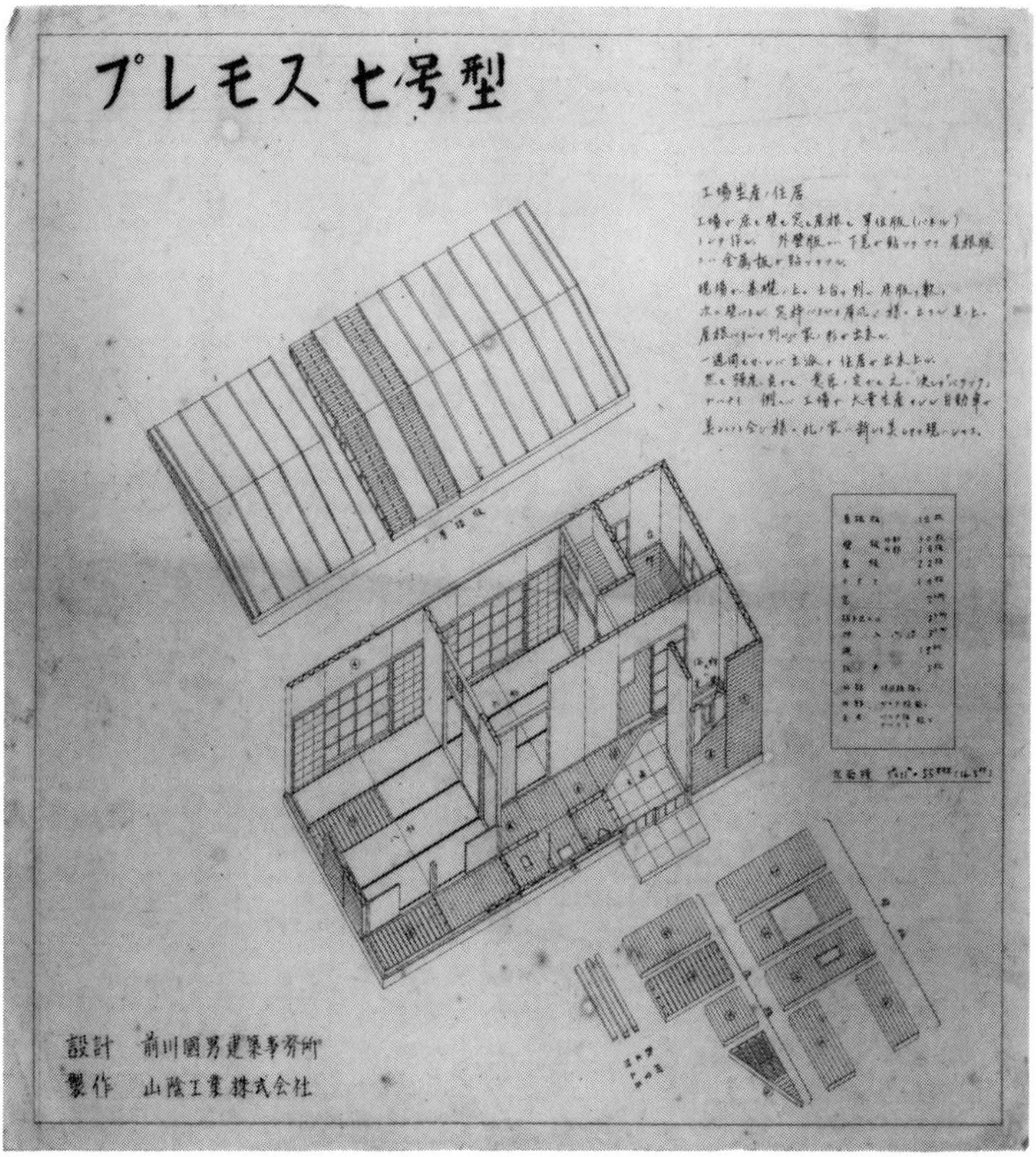

上・プレモス七型説明図。
左・「託児所付近」と題されたプレモス集合住宅地のスケッチ

くして防がねばならない[3]」

一九二八年四月、日本人として最初にル・コルビュジエのパリのアトリエに入所した前川國男が二年間におよぶ修業のなかで大半を費やして担当したのが最小限住宅案だった。これは一九二九年にドイツのフランクフルトで開催された国際建築家会議（ＣＩＡＭ）の第二回大会のテーマに掲げられ、最前線を走っていた建築家たちがもちよって議論をしようとしたなかの、ル・コルビュジエの提案である。それは七×七メートルの正方形平面をもつわずか四九平方メートルの住居単位の提案ながら、可動間仕切りや壁面収納ベッドを用いた巧みな工夫によって、昼夜の部屋の切り替えが可能なアイデアあふれるものだった。南米アルゼンチンへ講演旅行に出かけていた本人に代わって、アトリエを共同主宰していた従弟のピエール・ジャンヌレとともに前川もこの会議に参加した。

こうして歴史の偶然が、遠く日本からやってきた二十四歳の前川に、建築の工業化と量産化を目標とするプロトタイプの提案による第一次世界大戦後の住宅問題の解決こそモダニズム建築の大切な使命だと教えたのである。前川は同じ文章のなかで、この最小限住宅案に「ただひとつ欠けているものは空間である」というル・コルビュジエが数年後に記した言葉にもふれている。そこには、戦時中に戦争遂行のために矮小化された合理化政策によって大量に建てられた粗悪な家に対する前川の批判的なまなざしを読みとることができる。だからこそ、プレモスでは建築の工業化という高い目標を掲げたにちがいない。その意味でプレモスは、前川にとってル・コルビュジエの最小限住宅案を日本の現実のなかでみずから実践する意欲的な試みでもあったのである。

また、それに関連する興味深い本も出版されている。一九四八年七月に主婦之友社から一般向けに出版された『明日の住まい』という啓蒙書だ。今井兼次、土浦亀城《かめき》、蔵田周忠《ちかただ》が監修し、岸田日《ひ》出刀《でと》が序文を寄せたこの本は、当時の建築家たちによる戸建て住宅のアイデア競作集であり、木造十五坪という制限のもと堀口捨己、吉田鉄郎、吉田五十八ら十八名が提案を展開している。まさしく一九二九年CIAMの日本版のようにもみえる。しかしそんななか、ひとり前川だけが「一〇〇万人の住宅プレモス」と題して量産化のプロトタイプを紹介し、その可能性について熱く解説していた。注目されるのは、プレモスを単体の住居にとどまらず、それ自身の集合が戦後の新しい時代にふさわしい、集まって住む風景を形づくるものとして提案されていることだ。中央に託児所や共同の炊事場、倶楽部などを設けることによって女性の社会進出を助け、共同だからこそ得られる広場的な風景を構想している。またル・コルビュジエの空間概念「ドミノ」にも含意されていたように、パネル化された部材の組み合わせにより小住宅から、果ては皇族の住まいまで同じシステムでつくることができることも大まじめに提案されていた。残念ながらプレモスは戦争によって壊滅的となった当時の社会状況と石炭や鉄鋼といった基幹産業の復興に集中投資する傾斜生産方式という国家政策にも阻まれて、庶民の住宅不足の解決という本来の目的とは大きく逸れ、北海道と九州の炭鉱労働者のための住宅に約千棟が建設されただけで挫折してしまう。

　しかし、プレモスで思い描かれたイメージと精神は、戦後の前川事務所に入所し、プレモスの最後の時期に担当した大高正人（一九二三―二〇一〇年）や、一九五五年に創設された日本住宅公団の草創期のプロジェクトチームへと受け継がれていく。いずれも前川のもとで大高が担当した晴海高層アパート（一九五八年）と、先ごろ再開発で姿を消した阿佐ヶ谷団地（一九五八年）でも採用されたテラスハウスの標準設計である。そして独立後の大高はそうした経験の延長線上に、都市の風景を形づくることのできる集合住宅の実践として坂出人工土地（一九六八―八六年）、広島基町団地（一九六九―七八年）を手がけていくことになる。

考えてみれば、これらの住宅をめぐる建築家たちの試みはすべて戦争や自然災害、人口集中による都市環境の劣悪化といった生活世界の危機的状況に対する建築の応答の歴史であったことがわかる。たとえば大髙の手がけた坂出人工土地は、戦前からの木造密集地の改善であり、広島の基町団地も、原爆スラムと呼ばれた戦災者たちが応急に建てた木造バラック不良住宅密集地の解消と都市公園の整備が目的とされていた。そしてこれらの住宅をめぐる試みが完了した一九七〇年代前半に、数の上での住宅不足自体はほぼ解消する。以来四十年以上の月日が流れた。けれども、はたしてその先にどのような質をもった生活世界が築かれてきたのだろうか。ことに私たちの目の前には、二〇一一年三月十一日の東日本大震災によってふたたび膨大な数の人々が住まいを失い、仮設住宅での不自由な暮らしを余儀なくされている現実がある。

戦時中の一九四三年に出版された学生との対話の講演録に、ル・コルビュジエの次のような言葉が記されている。「社会がその永続のために当然追求する最初のものが、人の住まいである。風雨や泥棒から人を守り、何よりも家庭の平穏を保ち、そのための配置を一切怠らない住まいがあってこそ、人の社会は自然の理から逸脱することなく調和を保った存在として発展することができる。（…）建築とは、建築に仕える者すべてに住居への献身を要求する一つのミッションなのである」[4]

住まいという永遠に変わることのない場所から建築の現在のありようを問いつづけること、それは建築というバトンを受け継ぎ、よりよい生活世界を築くための大きな推進力となるにちがいない。そしてそのためにも若き宮脇檀が建築家としての出発点でみずから実践したように、歴史という蓄積の可視化と共有こそ求められているのだと思う。

遺産としての建築写真　旧紀伊國屋書店

「生誕百年・前川國男建築展」（二〇〇五年）の準備中に木造の旧・紀伊國屋書店（一九四七年）を調査する過程で、あらためて建築写真の置かれている状況について考えさせられる機会があった。

前川國男の建築を戦前から長く撮りつづけたのが、建築写真の先駆者のひとり渡辺義雄（一九〇七—二〇〇〇年）である。前川建築設計事務所には、いまも日本相互銀行本店や東京文化会館など彼の撮影した前川作品の誕生の瞬間を記録した写真が多数保管されている。しかし雑誌掲載などで貸し出すことも多かったのだろう、アングルのいいカットから次第に紛失し、紀伊國屋書店の写真もすでにその大半がなくなっていた。

そこでご子息の渡辺一雄さんを訪ね、原版の所在を確認させていただくことにする。残念ながら戦前の写真は焼失して現存しないものの、渡辺義雄が戦後にはじめて撮影したという紀伊國屋書店や慶應病院など貴重なガラス乾板が大切に保管されていた。

掲載の写真は「生誕百年・前川國男建築展」のためにそのガラス乾板をお借りし、デジタルデー

旧紀伊國屋書店。上・正面外観。下・玄関ポーチまわり

上・1階店舗を見下ろす。下・2階正面ギャラリー

タにスキャンして出力したものである。ここには竣工当時の店内に流れていた清新で明るい空気のようなものさえ映りこんでいる。原版という記憶装置だけが伝えうる質感であり、初出の『前川國男建築事務所作品集』（一九四八年）に載っているざらついた同じ写真からは想像もつかないクリアな画像が新鮮だ。この写真によって前川建築をより正確に理解することができるのではないかとの感触をもった。けれども、現実には急速に進むデジタル化のなかで、ガラス乾板を印画紙に引き伸ばすことのできる原像所が次々になくなっているという。技術が進歩したはずの現代にあって写真に記録された当初の姿の再現は、むしろますますむずかしくなりつつあるのである。

一方、渡辺義雄の写真には、当然のことながら建物本体しか映ってはいない。展覧会ではさまざまな大学の研究室に協力を仰ぎ、木製模型を制作してすでに失われた建築のたたずまいを再現しようとした。そのなかで、紀伊國屋書店を担当する神戸芸術工科大学の花田佳明氏から、この建物は戦後焦土のなかで人々の心のよりどころとなった場所であり、できればアプローチなど周辺も含めた姿で復元したいとの資料調査の依頼があった。そこで紀伊國屋書店に資料の所在を確認したが、いっさい残っていないという。しかし、新宿歴史博物館に戦後の新宿を撮影した写真が保管されているとの紹介を受ける。こうしてたどりついた写真の画面には、紀伊國屋書店がたしかに映りこんでいた。驚くのは、街の様子の現在とのあまりにも大きな違いだ。どこか別の国のようにも見える。逆にいえば、この写真によって前川建築を広い文脈から見直すことができるのであり、渡辺義雄の写真と補いあう貴重な意味をもっている。

建築アーカイブズにとって建築写真がいかに大きな位置を占めているかが理解できると思う。図面やスケッチだけでは、その建築についての情報は建築の誕生以前に限られる。文字どおり構想された設計内容を伝えるにとどまる。けれども建築の全体像を理解するためには、その建築がどのようにできあがったのか、そしてどのように生きられたのかを知る必要がある。そのためには建築写真が欠かせない。また建築写真には、建築の誕生の瞬間が時代とともに映しこまれており、仮に現存するものであっても、現在までに加えられた変更や周辺環境の移り変わりが記録されている。それは時間のなかにおける建築の意味を考えるうえで新たな可能性を秘めた素材でもあるのだと思う。

しかし、建築写真の重要性が広く共有されているとはいいがたい。さらに、そこには次のような問題も横たわっている。建築家もそうだが、それ以上に建築写真家は組織に属さない個人の場合が多く、その大半は跡継ぎのいない一代限りである。私自身も、複数の著名な写真家から長年にわたって撮影してきた写真をどう残せるかについて相談を受けたことがあるが、個人での所蔵に限界がある以上、建築写真は公的な手立てを用意しないかぎり今後急速に散逸し、失われていく危険性を抱えている。同時に、先述したガラス乾板の焼きつけのように、それを再現する機材や材料もなくなりつつある。これは八ミリフィルムの映像やオープンリールの音源などにも同じことがいえる技術の伝承という問題でもある。

劇的に進むデジタル化のなかで、建築写真も含めたメディア資料全体をどうアーカイブしていけばよいのか。公的なシステムの整備も含め、緊急の解決を迫られている大きな課題だと思う。

神奈川県立図書館・音楽堂ができるまで

神奈川県立図書館・音楽堂は一九五四年十月三十一日、一年半におよぶ建設工事を経て完成し、十一月四日、盛大に落成開館式が催され、その活動がスタートする。以来、半世紀以上の長い歴史を刻みつつ、港を見下ろす小高い丘の上から戦後の横浜を見守ってきた。現在も図書館は年間二十五万人の来館者があり、多くの人々が静かに本と向きあっている。一方、音楽堂は、クラシックコンサートやバレエにとどまらず邦楽や舞踊、演劇や講演会などに幅広く利用されており、それらの催しは累計で一万回に達するという。いずれもその使われ方は時代とともに少しずつ変化しながらも、増築や改修、耐震補強などの工事が施され、いまなお現役で大切に使われている。

それにしても、図書館と音楽堂の組み合わせというユニークな複合施設の構想はどのようにして生まれたのか。そこには、厳しい時代のなかで懸命に実現への道筋を見つけようと尽力した神奈川県知事・内山岩太郎（一八九〇—一九七一年）の強いリーダーシップと自由な発想があった。開館式当日に配布された竣工記念パンフレットの冒頭には、内山の記した次のような文章がある。

神奈川県立図書館・音楽堂。下・音楽堂ホワイエ

「終戦直後、神奈川県はまさに一面の焼野原の観があった頃、私はいかにしてこの荒廃した土地に、気力を失った人々と共に立上るかに強く心を奪われたのであります。

民生の充実、民心の安定こそ第一の念願であり最終の目的であることは論をまたないところであり、自ら県政施策の重点もここに置いたわけであります。

幸いにも、その後数年、衣食の問題は漸次恢復し住も亦遅々としてではありますが復興して、これにしたがい県民の明るく美しい文化を求める心は急速に大きくなって参ったのであります。

昭和二十七年、講和記念事業を広く県民に相談しましたところ、県慰霊堂、結核療養所とならびましてこの図書館音楽堂建設の要望となって現れ、私の年来の宿願と全県民の期待が一致した訳であります。(…) この趣旨にそいまして県下在住の音楽家並びに図書館人或いは文化人の御協力を得まして真に読書文化、芸術文化の殿堂としてふさわしい計画をねり、これが具体化に当たりましては斯界の権威者を得まして工事に当った次第であります。そして、その結果は御覧のとおり、音響効果、照明効果において英国のロイヤル・フェスティバル・ホールにおとらぬ建築物となったのであります[1]」

ここにあるように横浜も太平洋戦争末期に米軍機による空襲に遭い、ことに一九四五年五月二十九日の大空襲によって約三万戸が焼失し、死者八千人以上にもおよぶ壊滅的な被害を受けていた。内山は一九四六年に官選知事として神奈川県に赴任し、翌年の選挙によって初代の公選知事となり、以来五期二十年にわたって神奈川県の戦後復興を牽引していく。冒頭の書き出しにはそうした内山の初心にあった決意が読みとれる。またこの文章では、「図書館音楽堂建設」と記されているものの、やはり重心は音楽堂に置かれていたのだろう。竣工から数年後、建築業界紙の前川國男特集号に寄せた次の文章からは、より詳しい経緯と内山の胸中にあった思いが見えてくる。

「この建設事業は講和記念事業の一環として発企したものであるが、当初は当時神奈川県が当然持つべくして持っていなかった県立図書館を速やかに建てようという話から始まったもので、たまたま県在住の音楽家からの音楽堂建設についての強い要望を胸に秘めていた私がこれに音楽堂を併置するという構想をうち出したのが図らずも各方面の熱烈な支持を受けて実を結んだのであった。当時は住宅事情なども現在よりはるかに深刻であり、その他何かにつけて不如意な時代であったので図書館はさておき音楽堂の建設などに莫大な県費を使うなどとはもっての外のことといきり立つ人もないではなかったが、私はこういう時代にこそ、大衆が落ち着いて音楽を楽しみ、明日への力を養う場所が必要であるとの所信を胸中に堅持していた(2)」

内山の回想どおり、最初に動きだしたのは戦前以来の懸案であった県立の図書館の建設計画だった。戦後占領軍によって全国各地に民主的な図書館の建設が促進されるなか、計画が具体化し、一九五二年四月、内山は県立図書館建設準備委員会を組織する。しかしこの文章に記されているように、彼には音楽ホールを図書館に併設しようとする腹案があった。このため、委員には最初から図書館や建築関係者に交じって音楽評論家や音楽家が含まれていた。四月二十八日に開かれた初回の委員会の席上、内山は「建設する以上は権威ある立派なもので、音楽室か音楽堂を併設したものを建てたい(3)」と抱負を語ったという。音楽家として委員会に加わった声楽家の佐藤美子(一九〇三—八二年)はその間の経緯について、開館式に寄せた新聞記事のなかで次のように証言している。

「「神奈川県でいちばん欲しいものは?……」「もちろん音楽堂」「ええなんとか考えましょう」これは二年まえ本紙の正月座談会の時、内山知事にお願いした私の夢だった。その「私の夢」が夢のよ

竣工時の外観。右が音楽堂、左が図書館

うに実現して紅葉ヶ丘に東洋一の立派な音楽堂が出来上り、その開館のこけら落しが今日行われる。(…)この音楽堂建設については私のような音楽家の単純なあたまでは考えもつかない、いろいろの難関があったようで「音楽堂を建てるくらいなら療養所をたてるべきだ」という声も相当強く、そのため図書館付属のホールというかたちではじめは話が進められたわけなのだ[4]」

一九五二年初頭の時点で内山がひそかに音楽堂構想を温めることができた背景には、同じく内山の構想によって前年の一九五一年十一月に開館した神奈川県立近代美術館が好感をもって県民に迎えられたという確かな手ごたえがあったのだと思う。こうして内山は、美術館構想の推進母体となった美術家懇話会を組織し竣工後初代の館長に就任した村田良策(一八九五―一九七一年)に相談をもちかける。そして村田に声をかけられた旧知の音楽評論家・野村光一(一八九五―一九八八年)が今度は音楽家懇話会を結成して音楽堂構想の推進を図っていくことになる。[5] ちなみに竣工直前の一九五四年十月一日付で公布された「神奈川県立図書館条例」には、第二条に「一般公衆の文化的教養の向上に資することを目的として、音楽、映画、演劇その他芸術の発表会等の催しの開催並びに一般のそれらの催しその他公共のための利用に供するため、県立図書館に次の施設を併置する」とあり、「神奈川県立音楽堂」の名前が記されている。内山の言葉どおり、音楽堂はあくまで図書館に併置する施設として建設されたのである。

さて、このような経緯を経て図書館と音楽堂というユニークな組み合わせの文化施設構想がまとまり、実現へ向けて踏みだしていく。野村自身の証言によれば、音楽家を集めた会合で内山から「理想的な音楽堂を作りたいから、あらいざらい意見を出せ」と言われたという。[6] こうして、早くも一九五二年九月二十二日から十二月三日にかけてコンペと呼ばれる指名競技設計がおこなわれることになる。[7] 審査員は岸田日出刀（東京大学教授）、堀口捨己（明治大学教授）、佐藤鑑（横浜国立大学教授）ら八名が務めた。[8] また設計候補者として指名されたのは、やはり同じ指名コンペで選ばれた神奈川県立近代美術館を設計した坂倉準三（一九〇一―六九年）、日本相互銀行本店（一九五二年）を完成させて日本建築学会賞を受賞したばかりの前川國男、地元横浜を代表する建築家で創和設計を主宰していた吉原慎一郎（一九〇八―二〇〇九年）、大学の研究室で精力的な設計活動を展開し、東京都庁舎（一九五七年）の指名コンペに当選した直後だった東京大学助教授の丹下健三（一九一三―二〇〇五年）、そして仙台市公会堂（一九五〇年）の公開コンペに当選して実現させた実績をもつ早稲田大学助教授の武基雄（一九一〇―二〇〇五年）の五名である。最年少の三十九歳の丹下から五十一歳の坂倉まで、少壮の建築家たちが顔をそろえる形となった。

そして十二月三日の審査委員会で「施工が比較的容易であり、工事費の設計案に対する可能性、附帯設備費と建築工事費との均衡、建物の配置計画、音楽ホールの平面計画において秀れている等の理由[9]から前川案が採用となる。その後、実施設計があわただしくまとめられ、翌一九五三年四月二十二日に着工する。前川にとってもはじめて手がけた音楽ホールであり、感慨深いものがあったのだろう。竣工パンフレットに寄せた文章には次のような言葉が記されている。

「県立図書館並びに音楽堂の設計を担当する光栄を担いました折、真先に思出した事はあの戦火に焼かれたスターリングラードの復興を担当した建築家達の興味深い言葉でありました。

周知の様に戦争によって廃墟と化したスターリングラードの焦土に真先に手をつけられた建築は意外にも劇場の建物であったという事であります。不思議に思った或る連合国の新聞記者の問に答えてその復興の担当建築家は次の様に云ったと申します。

「スターリングラードを守って勇敢に闘った人達に、闘いとられた来るべき栄光と幸福にみちた人生のしるしとして此の劇場を贈るのである」と。

戦災住宅の復興も勿論充分とは申し難いさ中にいち早く鎌倉美術館の建築を実現され、又今此の図書館音楽堂の建設を決意された神奈川県の皆様にその決意と確信とに対して心からなる敬意を表すると共に、その確信に裏づけられた御助力を切に御願した次第であります。申すまでもなく建築は一人の力によって成し遂げられるものではなくその背後に多数の人々の協力、わけても建主御自身の十二分な御理解と御援助を必要とするからであります[10]」

この言葉は、戦後復興の象徴として人々の心のよりどころを築こうとした内山の思いとも重なる。そしてこの建物には、戦前以来温めてきた前川の建築に対する考え方のすべてが注ぎこまれていた。

ロイヤル・フェスティバル・ホール外観（ポストカード）

指名コンペで前川國男案が選ばれた後、野村光一が内山のいう「理想の音楽堂」を建設するために前川に提示した設計条件は次の四点だったという。（1）ロイヤル・フェスティバル・ホールを参考とする。（2）客席に二階、三階を設けず、一続きの段床式にする。（3）舞台を低くし、舞台と客席の一体化を図る。（4）プロセニアム・アーチを設けず、舞台と客席を連続した空間とする[11]。

ロイヤル・フェスティバル・ホールは一九五一年、イギリスのロンドンのテムズ川沿いに戦後復興の象徴として建設された。戦前に音楽ホールとして親しまれていたクイーンズ・ホールは一九四一年五月十日、コンサートがおこなわれた直後の晩にナチス・ドイツによる焼夷弾の投下によって焼失し、以来、戦後にいたるまでイギリスには音楽専用のホールはなくなってしまったという。そこでサウス・バンク地区で開催される博覧会に合わせて、永久施設として建設されたのがこのホー

ロイヤル・フェスティバル・ホール内観（ポストカード）

ルだった。[12]それは同時に、イギリスにおける戦後最初の公共施設であり、はじめてモダン・デザインによってまとめられ、さらに最高の音を求めて当時の音響学の粋を集めたホールでもあった。だからこそ戦前にロンドンに渡り、王立音楽アカデミーでピアノを学んだ経験をもつ野村が音楽堂の目標とすべき先行事例としてこのホールの名前をあげたのだろう。テムズ川に面して大きなガラスの開口部のある透明感あふれるロビーと収容人員三千名という巨大な規模ながら、ニレ材の壁面とカエデ材の天井反射板による木質の内装で包まれたホールとの組み合わせは「透明な箱におさめられた卵」[13]と呼ばれたが、その雰囲気はどこか音楽堂にもつながっている。

こうして高いレベルの条件を提示されたものの、設計は大変だったにちがいない。後に担当者のひとりの鬼頭梓（一九二六—二〇〇八年）は次のように記している。

「事務所で設計した最初の本格的オーディトリア

ムであったために、それまでに事務所としての経験も蓄積もなかったこととと、その上これが純粋の音楽堂であったことから、ほとんどが必然的に音響計画が最も重要なテーマとなった。というような言い方よりも、むしろことオーディトリアムに関しては、なかんずく音響に関しては、闇夜に手さぐりのような状態であったと言った方がぴったりとするかもしれない。そしてちょうどそのころ発表されたロンドンの Royal Festival Hall の音響レポートが、わたくしたちの最大の教科書となった。オーディトリアムの音響設計上、画期的な方法を採用し、その結果を詳細に報告した *Royal Festival Hall* と、アメリカの Knudsen & Harris 共著の *Acoustical Designing in Architecture* との他にわたしたちは何も持っていなかったと言ってよい。しかも *Royal Festival Hall* に関しては、その詳細な専門的なレポートが入手できたのは、すでに入札も終り工事に着手して以後のことであった。そのため相当大がかりな設計変更が途中でなされたりしたのである。ともかく日本の中にはすぐれた実例を持たず、またたとえば日本人を対象とした残響時間の推奨値の研究なども全くなかった当時（…）よい音楽堂を創ろうとするとき、これ以外にわたしたちには方法は無かったし、また最も正しい方法であったろうと思う[14]」

鬼頭は、一九九三年におこなわれた座談会でも、当時を振り返って次のように述べている。

「私が憶えているのは、ロイヤル・フェスティバル・ホールのたいへん詳細な報告書を前川さんがイギリスに行って買ってこられ、それを勉強させられたことでしょうか。もちろん前川さんも謙虚にそれを勉強されていました[15]」

一方、この手さぐりのような音楽堂の音響設計を担当し、その後多数のホールを手がけて音響学の第一人者となる石井聖光（一九二四年―）は、みずからの研究を振り返った著書のなかで音楽堂にふれて次のように回想している。

「その後、我が国には多数の県民会館、市民会館が建てられたが、その多くが個性のない多目的ホールであることを考えると、当時まだ戦後の復興の途上にあった我が国で、よくぞこのようなコンサート専用ホールが建てられたと思う反面、戦後すべてが新しくスタートし、純粋にものを考え、雑音の少ない時代であったからこそ、こうしたホールをつくり得たとも考えられる」(16)

石井が感慨深く記したように、直接設計に携わった人間だけではなく、内山のリーダーシップのもと県庁の担当者もその実現のために努力を続けていた。設計担当チーフだった田中誠は、建物の竣工時に次のように記している。

「音楽堂の性格は当初からはっきりと音楽プロパーを目標としたもので、多目的で不徹底なものより音楽堂として予算の許される限り完璧なものと云う注文であった。然も県の鈴木建築部長をはじめ当路の方々の異常な努力と英断によって音響実験費と、音響上の調整に必要な工事費が認められた事は、日本の建築界に重要な事件と云ってよいと思う。我々は施主側のこの様な強力な支援を得て、音楽堂の設計、施工中の調整等極めて慎重な過程を踏む事が出来たのである」(17)

こうした証言を並べてみると、音楽堂が厳しい時代状況と限られた条件のもとにありながらも、迷うことなく音楽専用のホールとして計画されたことが今日なお高い評価を受ける大きな要因であったことが見えてくる。

さて、この建物にみられる空間の特質はどこからもたらされたのだろうか。指名コンペを振り返って担当者のひとりだった進来廉《すずきれん》(一九二六—二〇〇九年)は、次のような証言を残している。

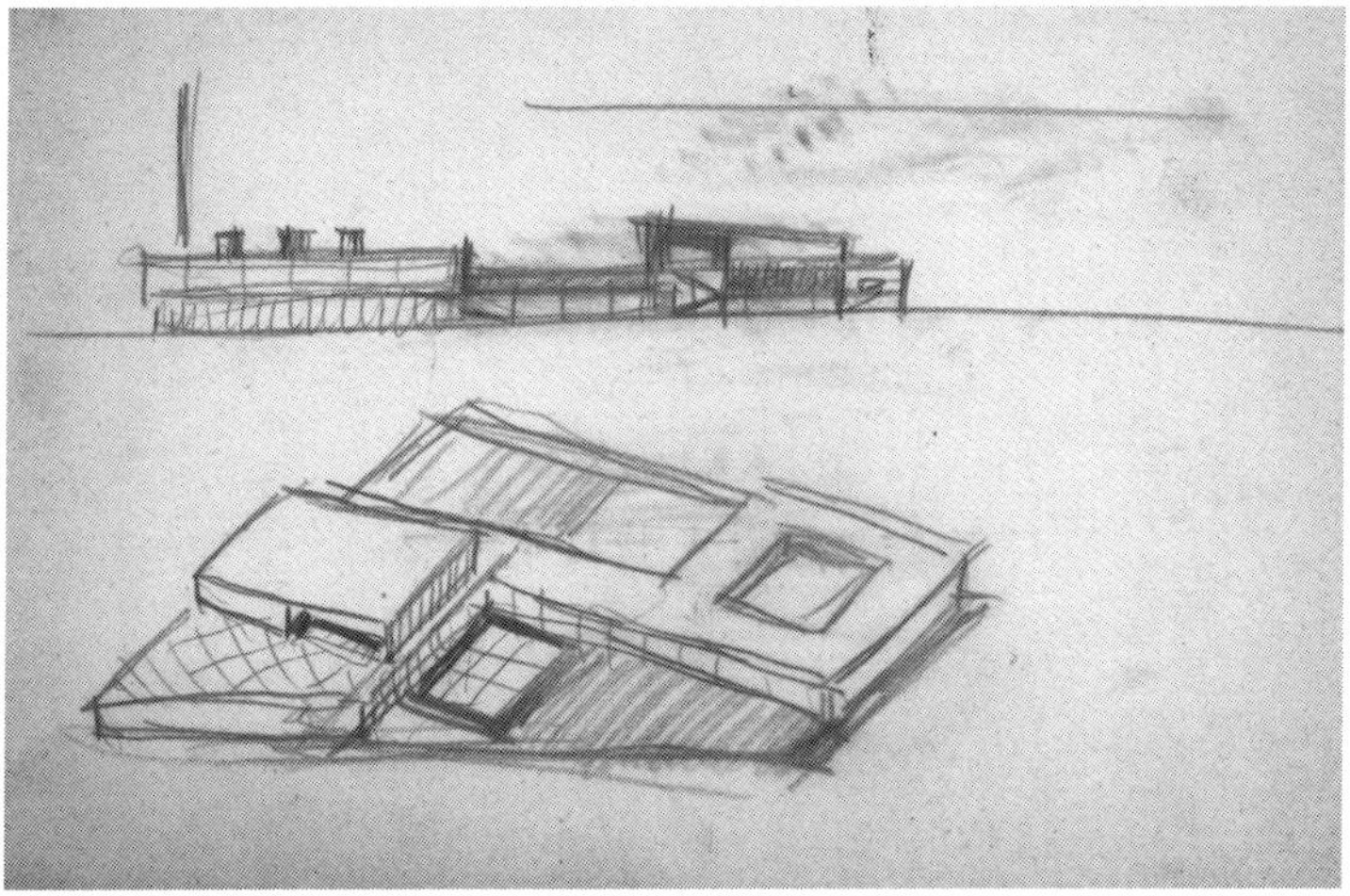

神奈川県立図書館・音楽堂、前川國男のスケッチ

「当時、大髙さんとか鬼頭さんとか、とにかく議論好きな人がそろっていましたからね、いろいろ、ああでもないこうでもないと言い合っていました。前川さんはあまり言わないのですが、ある日、朝事務所へ来たら基本的な配置がさっと書いてあったんですよ。それを見て、みんなでこれはいいなと」[18]

この証言からは、音楽堂を担当した大髙正人(一九二三—二〇一〇年)や図書館を担当した鬼頭ら戦後に入所した若い所員たちがコンペ案作成をめぐって熱い議論を戦わせていたなかで、前川が描いた図面が決定的な意味をもっていたことがわかる。前川の没後に発見されたスケッチブックに残るコンペ案のスケッチこそ進来のいう「基本的な配置」を示すものだったにちがいない。実現した建物の模型写真と比べてみても、このスケッチがこの建物のあり方を決めたことは歴然としている。段差のある台形の敷地形状を活かして、図書館と音楽堂のブロックを前後にずらして配置しな

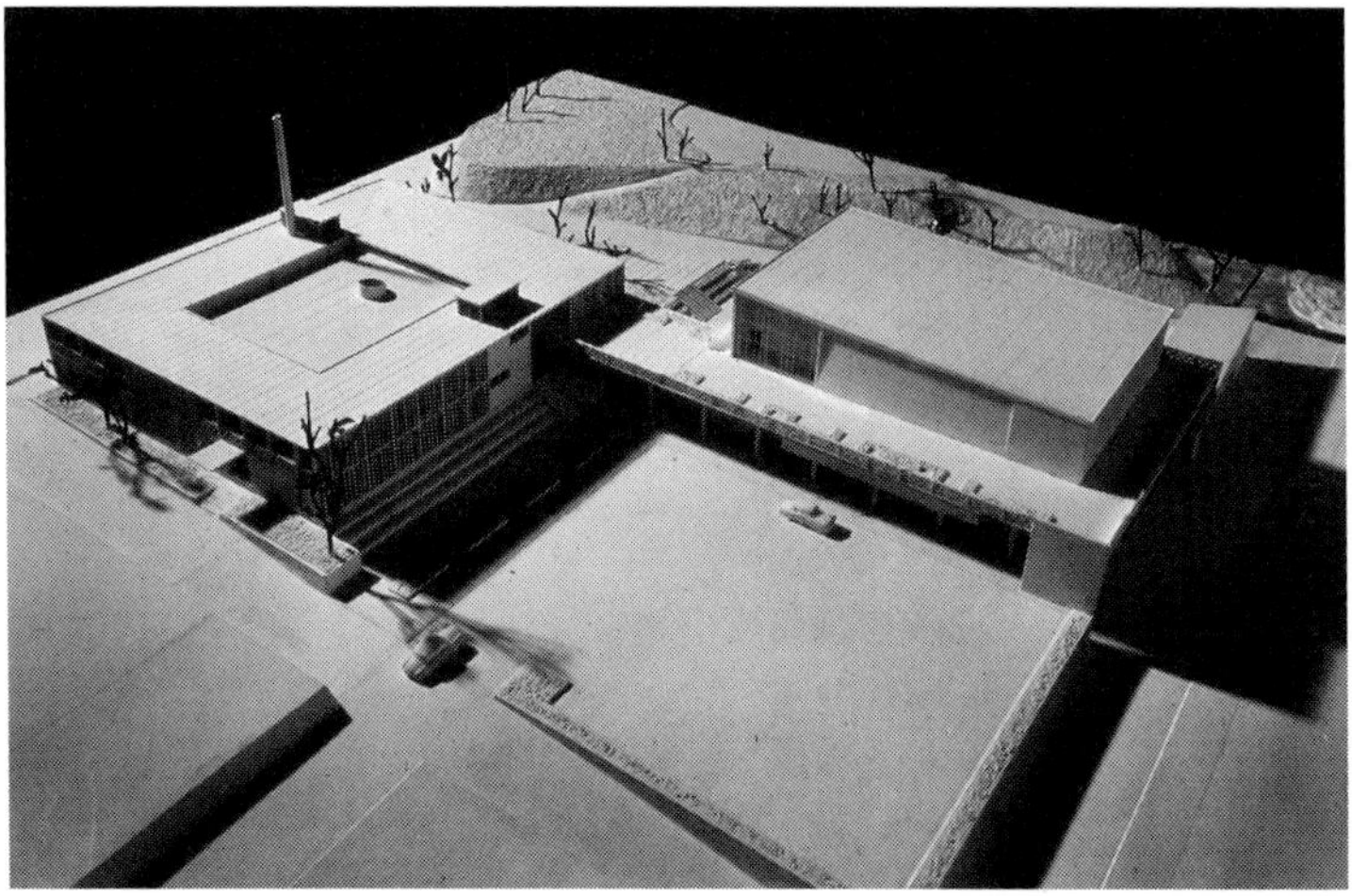

神奈川県立図書館・音楽堂模型

がら、その間にブリッジ状の食堂を渡して両者をつなぐ。こうすることによって敷地の奥に広がる掃部山公園へと視線の抜ける軽快な空間を実現し、建物によって切りとられたふたつの余白として、音楽堂のガラス張りのロビーの手前にはにぎやかな広場が、図書館の吹き抜けの閲覧室の奥には静かな奥庭が生みだされる。この地としての敷地に、巧みに置かれた建物のボリュームの図がつくりだす空間のコントラストと、それぞれの施設の中心に置かれた音楽ホールと図書館の書庫の壁に耐震壁を集め、周囲のロビーや閲覧室を独立柱だけで支えることによって内部と外部が一体となる開放的なたたずまいの実現こそ、この建物を特徴づける設計の方法なのだと思う。そしてここに実現した空間は、前川が太平洋戦争下の一九四三年に戦前最後の公開コンペとしてタイのバンコクに計画された木造の在盤谷《バンコク》日本文化会館の応募案において、すでにその方法を試みていたものだった。

このコンペにおいて前川は与えられた平面図を

在盤谷日本文化会館・前川案

最初からつくりなおし、バラバラに扱われていた三つの建物（中央会館、産業館、芸能館）を統合して一体性のあるものへと転換した。その特徴は伝統的な書院造りに範を得た伸びやかな内外空間の連続である。コンペ応募案の説明書のなかで、前川は次のように記していた。

「我々は建築が本来空間構成の芸術である事の根源に溯江して日本的建築空間と西欧的建築空間とのあり方の相違にまで徹底する事に依ってのみ、真に日本建築伝統の継承者としての日本文化会館の意匠に参じ得るであらう。日本絵画のもつ空白が描かれた事物に対して「意味なき他者」であり得ぬ様に日本的建築の内部空間は常にその外部空間と暖かき血脈を通はして飽くまで「孤立せる個」を抹殺せんとする美しき日本建築精神のみちびきによって此の文化会館意匠のよすがとしたいと思ふ次第である。（…）本案に於ては各館の内部空間のみならず、その外部空間即ち各建築配置によって敷地内に作り出される建築外的空間、更に之等の建築外的空間がその敷地の外部に有つ環境的空間を常に緊張せる見えざる糸に結ばれたるが如き全体的空間構成を完成せんことにつとめた。（…）かくして敷地内に布置されたる何れの建物も何れの庭も広場も野外劇場も相互に緊密なる相関の上に不幸なる「孤独」を抹殺し得るものと考えられる[19]」

当時の時代背景もあって、いずれも硬質な文体になっているが、前川の意図は明快である。決められた平面図に拘束されていた窮屈な空間を解き放ち、建築が本来「空間構成の芸術」であることに立ち戻って、そこから日本建築の特質である物と物とのあいだにある「空白」に着目しようとする。そして流れるように続く内部空間とL型に配置された建物によって切りとられた外部空間とが織りなす有機的な空間のつながり方こそ、西欧のモダニズム建築をより普遍的なものへと拡張することのできる日本独自の方法であることを見いだしたのである。こうした前川案の特徴を、建築評論家の浜口隆一（一九一五―九五年）はこのコンペの批評文で次のように記していた。

「自動車は大きく柔らかな弧を画いて車寄せに滑りこむ。階段ではなく、緩やかな勾配のランプしかも一方は明るい空に吹き放したランプ。足どりも軽やかにそれを昇ると、広々とした広間へ入る。そこから明るい廊下が伸びて、やがて産業館へ通じてゐる。すべて伸びやかであり、明るく、快的《ママ》である。一言で言えば人間的である。（…）前川氏の建築がその最も見事な姿を示すのは大勢の人間が楽しくそこに集ふ日である[20]」

前川は、ル・コルビュジエに学んだモダニズムの理念と日本の伝統への深い洞察から、このコンペ案を通して人々が楽しく快適に過ごすことのできる内と外に開かれた伸びやかな空間を実現するための方法論を発見したのである。そして木造という制約条件から、屋根の有無という違いはあるものの、この方法を発展させたものこそ九年後の神奈川県立図書館・音楽堂のコンペ案にほかならない。それは戦後に入所した所員たちには見えなかった前川の持続的な思考の結果だった。

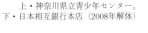

さらに神奈川県立図書館・音楽堂の特徴として、これ以降の前川建築に強まっていく重厚さとは異質な、軽快で透明感あふれる空間が基調となっている点があげられる。それは六年後の京都会館（一九六〇年）に見られる禅寺のようなたたずまいや、この建物に隣接する神奈川県青少年センター（一九六二年）の彫刻的な存在感と比べるとき、誰もが感じる大きな違いだと思う。その鍵をにぎる建物が、一九五二年七月、指名コンペの直前に竣工した日本相互銀行本店である。前川は当時おこなわれた座談会で、戦前以来のみずからの歩みを振り返って次のように述べている。

上・神奈川県立青少年センター。
下・日本相互銀行本店（2008年解体）

「二十年来私の関心は日本の建築からコンクリートの壁を抹殺してこれを近代建築のスタートラインに立たせたいということでありました。理由はもちろん、平面の流動性と構造の経済性に重点のあったことはいうまでもありません」[21]

この言葉の背景には、日本の近代建築が一九二三年の関東大震災の試練から抱えこまざるをえなかった耐震性確保という命題のために、構造壁だらけの窮屈な平面となって不経済で重たくなってしまったことがあった。前川はこのジレンマを克服し、ル・コルビュジエに学んだ自由な平面を実現させて、最小限の構造体によって最大限の空間を確保できる合理的で経済的な方法を切り開くことによって日本の建築をスタートラインに立たせようとしたのである。そのために掲げた目標が建物の軽量化と工業化だった。こうして神奈川県立図書館・音楽堂が竣工した際、ある設計担当者は次のように書きとめていく。

「近代建築はまずヨロイを脱いで、新しいマンテルを身につけるべきではなかろうか。われわれは外壁の軽量化と工場生産化に向って努力を続けている(22)」

合理的な構造体の追求と工場生産される工業化素材の使用によって重たい「ヨロイ」を脱ぎ捨て、ガラスや軽量のコンクリートパネルといった新しい外皮（マンテル）をまとうこと、ここに神奈川県立図書館・音楽堂の空間が誕生するための推進力となった考え方が読みとれる。こうして、どこまでも軽やかなたたずまいが生みだされていく。それは重苦しい戦争から解放されて、突き抜けた明るさを希求していた戦後の時代精神と響きあうものとして広く共有されていたのだと思う。だからこそ、先に紹介した座談会のなかで担当者のひとりである鬼頭は次のように回想するのである。

「あの時代の建物で今も残っているのは鎌倉の近代美術館と音楽堂だけですよね、たぶん。戦争が終わったあとの解放感みたいな、貧乏だったけど空はいつも青空で、未来はいつもバラ色でかがやいて見えたという時代があったわけですよ(23)」

しかしながら、はじめて手にしたそのような空間への信頼は長くは続かなかった。一九五〇年代後半に入ると、前川も雨の多い日本の気候風土を前に脆弱さを露呈した近代建築技術への懐疑を抱きはじめ、伝統や気候風土に根差し、時間の流れに耐える確かな建築を求めて骨太な空間へと転じていく。その意味からも、戦後初期の近代建築の輝きをいまに伝えるものは、この建物と坂倉準三の手がけた神奈川県立近代美術館くらいしか現存しないのである。

一九八五年十月、亡くなる半年前の大谷幸夫との対談で、前川國男は次のように語っていた。

「このごろ例の、昔の建物をもうちょっと労わって使わにゃいかんというようなことが起こって、(…)戦後、大急ぎで建てた建物の悪いところを直して使おうというような風潮が何となく起きてきました。(…)その遺沢をこうむって神奈川県立図書館と音楽堂なんていう古い建物がやっぱり大事にせにゃいかんというようなことになって、このごろちょくちょく改修補修の仕事を仰せつかるようになりましたのでこれはひとつ大きな進歩ではないかと考えているわけです[24]」

だが、前川の没後の一九九三年には「紅葉ヶ丘文化ゾーン基本構想」という再開発計画が発表され、存続の危機が訪れる。それでも、この建物を大切に思う市民や音楽家、建築家が立ちあがり、広範な保存運動が展開され、解体の危機は土壇場で回避される。さらにそれから二十年以上の年月が経った。その間、むしろ近代建築の再評価が急速に進み、一九九九年には日本を代表するモダニズム建築として、神奈川県立近代美術館とともにDOCOMOMO[25]二十選に選ばれたのである。

神奈川県立図書館・音楽堂は、厳しい時代のなかで奇跡的ともいえる歴史の偶然と人々の思いが重なりあって誕生した建築である。その思いが水脈のように蓄積されてきたからなのだろう。すばらしいのはいまなお現役で大切に使われ、多くの人々に親しまれていることだと思う。そうした人々の思いと歴史が共有されるかぎり、この建物は"Living Heritage"(生きている文化遺産)として、新たな地域資源として、これからも生きつづけることだろう。

小さな教会の大きな世界　吉村順三と戸村一作

その小さな木造の教会は、奇跡のように人知れず時代の移り変わりを静かに見守ってきた。竣工したのは一九五四年十一月二十五日、日本が占領からの独立を果たした直後の時代である。

当時、周囲には松林が点在し、関東ローム層のビロードのような赤茶色の畑がどこまでも続いていた。でも、その風景は、明治時代に入植した開墾移民たちが何世代にもわたる地道な努力によって良質な農地へと育てあげてきた辛苦の結晶だった。農地の一部は明治政府が買いあげて御料牧場となり、周囲に防風林として植えられた十万株の桜が咲き誇る名所ともなっていく。そんななか、信者からの浄財をもとに自宅の敷地に教会を建設したのは、敬虔なキリスト教信者で家業の農機具商を営みながら、鉄材を使った彫刻家としても活躍した戸村一作（一九〇九―七九年）である。彼はかつて御料牧場の厩の世話役として雇われ、退職後に農機具の製作を家業にした祖父の丑之助が自宅を改造してつくった十坪ほどの藁葺き屋根の教会を建て替えたのである。

その設計が、なぜ東京藝術大学助教授だった吉村順三（一九〇八―九七年）に依頼されたのだろう

三里塚教会外観

か。

詳しい経緯はわからない。戸村は亡くなる直前に地元紙に記したエッセイで、こよなく愛した農村風景をミローやコローが描いたフランスの小村になぞらえて「日本のバルビゾン」と呼び、称賛していた。そしてこの教会についても吉村の名前をあげて「農家の納屋を想わせるような農村にふさわしい建築スタイルで、白亜の白壁に屋根には鐘楼のある教会堂である」と描写している。

この言葉ほど吉村の求めた建築を正確に言い当てたものはない。露出した柱と梁、白壁と杉板の外壁、緩い勾配の屋根、その上に小さな鐘楼が載る素朴な外観がいまも清新さを醸し出している。なかに入ると天井の高い二十七畳の礼拝堂があらわれる。正面には、側面から間接光が注ぐ白壁に、柱と梁で構成された十字架が浮かびあがっている。見上げると、丸太を半割にしたトラス梁がリズムを刻

礼拝堂内部

んで空間を引き締めている。

それは、どこか吉村の師匠であるアントニン・レーモンドが手がけ、吉村も慣れ親しんだ軽井沢の聖ポール教会（一九三三年）を思い起こさせる。長椅子や講壇の慎ましい造形も含めて、凛とした簡素さのなかに、人の気持ちを開いてくれる居心地のいい空気が流れている。

一九六六年、三里塚が国際空港の建設地に閣議決定されて、教会をめぐる環境は激変していく。戸村は農地を守る闘いのリーダーとして亡くなるまで尽力した。だが、御料牧場を含む広大な農地は空港のアスファルトの下に埋められ、桜の名所も美しい風景も消滅する。しかしこの教会は、美しい風景と農民への敬意をもって吉村が手がけたのだろう。建築の魅力と戸村の身を挺した抵抗によって取り壊しを免れ、変わることなくそこにある。時代はめぐり、地と図は反転する。この小さな教会は、内包する大きな世界によってこれからも語りかけるだろう。戦後日本が失ったものとは何か、人びととともに生きる建築の真実とは何か、そしてここにこそ未来が拓かれていると……。

III

ル・コルビュジエの見た日本　たった一度の短い滞在

一九五五年という年は、六十八歳を迎えたル・コルビュジエにとってもっとも充実した時期にあたっている。というのも、三年前の五二年には、戦後復興の象徴的な仕事だったマルセイユの集合住宅ユニテ・ダビタシオンが竣工してレジョン・ドヌール勲三等の叙勲に昇格し、ラ・トゥーレット修道院の設計が始まるなど、ようやく本国フランスにおいても本格的な建築ができつつあった。また一九五〇年からは、インドの壮大なチャンディガールの都市計画が進行し、最初の建物である高等裁判所が竣工間近だった。そして五五年六月には、戦後最大の問題作といえるロンシャンの礼拝堂が献堂式を迎えていた。このように、たくさんの重要なプロジェクトが同時進行中だったのである。

じつは日本への訪問も、一九五一年来、毎年恒例になっていた秋のインド滞在に合わせた立ち寄り的な意味あいが強く、春に要請されていた来日を延期し、十月になって急遽日本側へ通知したものだった。当時の外交資料には、設計契約の締結を来日までになんとか間に合わせようと外務省が

MID ビルにて前川國男と神奈川県立図書館・音楽堂の模型を見るル・コルビュジエ

奔走した経過も残されている。そうしたあわただしい仕事の様子は、やはり設計中だったチャンディガール議事堂のスケッチに残る「一九五五年九月三十日」というル・コルビュジエのサインからもうかがえる。日本へと旅立つギリギリまでインドの計画を検討していたにちがいない。

一方、ル・コルビュジエの訪れた一九五五年の日本も、翌年の『経済白書』が「もはや戦後ではない」と記すことになるように、敗戦直後の食うや食わずの苛酷な状況からは脱し、経済的にも復興して戦前の水準を取り戻しつつあった。激動の高度成長が始まる直前の、高層ビルも高速道路も東京タワーもない束の間の小春日和のような時代だった。

しかし肝心の住宅問題は先延ばしにされ、この年の住宅不足が推定二百七十万戸、国民ひとりあたりの畳数が三・四畳という劣悪な状態におかれていた。国立西洋美術館の完成する一九五九年の『建設白書』においても「住宅はまだ戦後ではな

国立西洋美術館。東京文化会館より南西の正面外観を見る

い」と書かれている。この状況をうけ、ル・コルビュジエが来日する直前の五五年七月には日本住宅公団が設立されている。こうしてル・コルビュジエは、実り多き時期に、また日本が大きく変わろうとする瞬間に来日するのである。

それでは彼の日本滞在の足跡を、日を追ってトレースしていきたい。

十一月二日　二十一時二十分羽田着

海外旅行が身近で容易になり、世界が狭く感じられるようになった現在からは想像もできないが、当時の日本はヨーロッパからははるかに遠い国だった。記録によれば、ル・コルビュジエはこの年の三月に導入されたばかりのロッキード社製の最新鋭プロペラ機に搭乗し、南回りのエールフランス一九八便で、現地時間の一九九五年十月三十日十八時十分、パリを発っている。けれども途中、悪天候に足止めを食わされたのだろう。やはりこの年の五月に竣工したばかりの羽田空港に到着したのは、日本時間の十一月二日二十一時二十分だった。六十六時間十分かかった計算になる。しかし、空港での記者会見に臨んだル・コルビュジエは長旅の疲れも見せず、胸には勲章をつけ、颯爽とした姿で会場にあらわれたという。来日時の新聞にもこう紹介されていた。

「肩幅が広く倒三角形を感じさせる体、そしてその三角形の上にある血色のいい顔と白髪をきれいにすいた頭が、黒い太ぶち眼鏡でカキッと区切られている。いかにも建築家らしく構成されたル・コルビュジエ氏である(1)」

空港に出迎えたのは坂倉順三、吉阪隆正、丹下健三ら大勢の関係者だったが、夜も遅かったため、記者会見も早々に切り上げて宿泊先の帝国ホテルへと向かっている。当時の帝国ホテルは、フランク・ロイド・ライトの設計により一九二三年に竣工した旧館の時代であり、国賓待遇のル・コルビュジエにはほぼ当時の銀行員の初任給に等しい一泊五千円の部屋が用意されていた。四泊を過ごしたこの建物については「トゥー・マッチ・ディテールズだけれども、玄関を入ったところの左右のスペースはさすがにいい(2)」との感想を残し、ホテルの便箋には浴室のスケッチらしきものが描かれている。

この夜、待望の日本での再会を果たし、国立西洋美術館の設計に協力することになった三人の弟子たち、前川國男、坂倉準三、吉阪隆正はどうしてもこのままル・コルビュジエを離したくなかったのだろう。連れ立ってホテルから歩いていける銀座へと彼を案内している。

行先は代が替わり再オープンしたものの、当時の面影を残し、並木通りの小さな路地にひっそりと暖簾をかまえる小笹寿し。通い慣れた場所で師弟だけの気楽な会をもち、まずは日本の寿司を味わってもらおうという趣向だったのだろう。しかし、ル・コルビュジエは残念ながらほとんど手をつけていない。そこで彼らは次の場所、いまはない銀座の高級クラブ、エスポワールに移し、ウィスキーを飲み交わしながら歓談を続ける。吉阪の日記には「話はずむ。ライトの批評、空港の批評、パリーの人々の話、印度の話、今度の仕事のハナシ、語ること多く、皆時間不足の感」とある。

またル・コルビュジエは夜の銀座のネオンにも興味を魅かれたという。車もまばらで都電がゴトゴト走り、高い建物もない街角で色とりどりに点滅する漢字カタカナ交じりのネオンは、さぞかし彼にエキゾチックな印象をもたらしたにちがいない。

十一月三日　上野公園へ

翌日、ル・コルビュジエは早くも午前中に上野公園に姿をあらわしている。まっ先に敷地を見たかったのだろう、プロジェクトにかける意気込みが伝わってくる。もちろん、昨晩遅くまで飲み明かした坂倉、前川、吉阪も一緒だった。ル・コルビュジエのスケッチブックには、方位や道路の位置、周辺の建物などの情報とともに三人の名前が律儀にもメモされている。

当時の写真を見ると、上野公園は見晴らしのよい小高い丘のような場所であり、坂を下りた上野広小路にある松坂屋の屋上からは遠く東京国立博物館の瓦屋根が見通せるほどだった。けれども、敷地周辺には戦後の混乱がそのまま残されていた。彼の来日を報じた同じ新聞の社会面には、次のような記事が掲載されている。「東京上野公園のはずれ、鉄道の走っているガケの上に「竹の台葵町集落」がある。昭和二十三年ごろから、上野地下道などを追われた人たちが、焼けトタンやミカン箱の板切れを集めて造ったバラック建ての家並みが、いまは百三十七戸、六十世帯となって、ぎっしりと立ち並んでいる。まだその土地の移住権も認められていないこの人たちの暮らしは、ぎり

上野公園の敷地を視察中のル・コルビュジエ。背後に吉阪隆正。後ろ姿の前川の右に坂倉準三

ぎりの毎日で、けっして楽ではない。(…)来年には「国立西洋美術館」の建設とともに取り払われるかもしれないという葵町なのである」[3]。国立西洋美術館プロジェクトは、はからずもル・コルビュジエの思いをこえて上野公園一帯の戦後処理と近代化を先導する役割を担うことになるのである。

この日は結局午前中いっぱい敷地検分にかかったのだろう。昼食は上野公園にあるレストラン精養軒で済ませ、午後は歌舞伎座(一九二四年竣工、岡田信一郎設計。戦災を受けた室内は吉田五十八の手により改修され、一九五〇年に完成)へとまわり、歌舞伎を鑑賞している。夜は前の晩と同じく吉阪らと銀座へと繰り出して、建て替えられたものの、いまも交詢社の斜向かいに店を構える鳥繁で焼き鳥を食している。ホテルにこもることなく毎晩街へと出かけるル・コルビュジエの旺盛な好奇心と気取らない人柄、打ちとけた師弟関係が想像

MID ビル前で前川事務所のスタッフとともに記念撮影

できる。

十一月四日　前川國男建築設計事務所訪問

この日もまたル・コルビュジエは朝一番で敷地に立ち寄っている。わずかな時間でも現地に足を運び、設計のヒントを読みとろうとしたのだろうか。その後、四谷に移動し、前年の七月に完成したばかりの前川國男のオフィス、ミドビルをたずねている。残された写真から判断するかぎり、同行していたのは吉阪だけだったようだ。写真には真新しい三階の設計室で、ちょうど一年前の一九五四年十一月に竣工した前川の神奈川県立図書館・音楽堂の模型や進行中のプロジェクトの図面を見つめるル・コルビュジエが映っている。また、そのほかにも二階奥の所長室の壁に飾ってあった凧に興味を魅かれる姿や、事務所の前にスタッフ全員が集合した記念撮影に納まった写真などが残っている。ル・コルビュジ

上・MID ビル。下・国際文化会館（庭側外観）

ル・コルビュジエ、富士山のスケッチ

エはこのとき、前川事務所の地階で活動を続けるデザイナー・柳宗理のアトリエも覗いている。突然目の前にあらわれたル・コルビュジエに、学生時代から彼を神様のように崇拝していた柳は、もっていたヤカンを思わずひっくり返してしまうほどびっくりしたという[4]。

この後、一行は六本木の国際文化会館へ向かい、昼食をとっている。この建物も坂倉、前川、そして吉村順三の共同設計で、六月に竣工したばかりだった。ル・コルビュジエはここでは一階の壁面に使われている大谷石と屋上庭園の芝生に興味をもち、ディテールをスケッチしている。また型枠に用いた杉板の木目跡が残るコンクリート打ち放しの清緻な仕上がりにも感心したという。

この日は夕方の五時半から七時まで芝の高輪閣で、外務省と文部省の両次官共催による歓迎カクテルパーティが開かれている。招待者リストには坂倉、前川、吉阪のほかに、村野藤吾、今井兼次、内田祥三《よしかず》、谷口吉郎、丹下健三らの名がある。短い時間で、どんな会話が交わされたのだろう。

十一月五日　機上から富士山を望む

滞在三日目となるこの日は、会合で都合のつかない吉阪にかわって坂倉準三がル・コルビュジエの案内役を担い、彼を連れて十一時三十分、羽田発の飛行機で東京を離れ、一路関西へと向かっている。もうひとつの視察地、京都と奈良の古建築が目的だった。さいわい天候にも恵まれ、飛行機からはじめて見る富士山にル・コルビュジエはいたく感動したという。その証しのように、スケッチブックには雲の上にくっきりと姿を見せる富士山が大きく描かれている。感動したのも無理はなかった。吉阪がアトリエ留学中に本人から聞いたところによればル・コルビュジエは故郷スイスのラ＝ショー＝ド＝フォンの工芸学校時代に恩師レプラトニエから日本の浮世絵が紹介された美術書をたびたび見せられ、そのモチーフに繰り返しあらわれる富士山に強く魅かれていたからだ[5]。飛行機の隣にいた坂倉の手帳にも、彼が語ったであろう「浮世絵」の三文字が書きこまれている。

十三時四十五分、大阪の伊丹空港に着いたふたりは夙川に建設中だった坂倉設計の塩野孝太郎邸

塩野孝太郎邸（2点とも）

（一九五六年竣工）の現場に立ち寄り、そのまま車で京都の都ホテルへと向かっている。それでも、ホテルに着いたのは夕方の五時を過ぎ、あたりはすでに暗くなっていた。

この日から三泊し、関西の活動拠点となった都ホテルについてはル・コルビュジエは何も感想を残していない。村野藤吾の設計により戦前の一九三九年に建てられた老舗とはいえ、和風別館の佳水園（一九六〇年竣工）も存在せず、印象が薄かったのだろうか。ここでもさっそく記者会見が開かれ、ル・コルビュジエは次のように述べたという。

「飛行機で東京からきたが、空がよく晴れているため美しい日本の山や川が手にとるようにながめられ、ことに富士山は美しかった。自動車からみた田園の風景もすばらしく、ほんとうにトゥレビアン（とてもきれい）だった。京都ではゆっくりと古い建築物を鑑賞したいと思っている[6]」

阪神高速道路もない当時、大阪から京都へと向かう旧道筋には、無造作に宅地化される前の、彼の言う美しい田園風景が広がっていたにちがいない。また、ほかの新聞記事にはル・コルビュジエが「京都で古い庭園をみるのは日本建築の環境について考えたいからだ」と語ったと記されている[7]。たんなる名所観光が目的だったのではなく、あくまで日本の建築と環境の特質を学びとろうとしていたのである。

十一月六日　京都・先斗町の路地

新聞記事によれば、この日ル・コルビュジエは坂倉の案内で桂離宮と修学院離宮を訪れている。かつてブルーノ・タウトが絶賛し、前年の一九五四年に来日したワルター・グロピウスも手放しで称賛した桂離宮にル・コルビュジエは何を感じるだろうか。坂倉はみずからもそこに近代建築のエ

桂離宮にてル・コルビュジエと坂倉

ッセンスがあると信じていただけに、期待を抱いたにちがいない。けれどもル・コルビュジエは、卍亭の四ッ腰掛けのスケッチと、杉苔やわずか四畳半の広さしかない寝所の狭さに驚いたとの断片的なメモを残しただけで、さほど関心をもたなかったらしい。後にル・コルビュジエのアトリエで国立西洋美術館の実施設計に加わる坂倉事務所の村田豊氏も、次のように証言している。

「桂離宮なんかも案内したようですが、あんまり感心しなかったんで、一緒についていった西沢君などががっかりしたそうですね。なにか日本の建築には壁がないからつまらないって考えたらしいです。それでどうも日本建築にはあまり興味を示さないらしいです(8)」

また、修学院離宮についてはまったくふれていない。むしろ京都の町に戻り、祇園から先斗町《ぽんとちょう》をそぞろ歩いたときの印象のほうが強かったようだ。ことに先斗町の路地空間に興味をひかれたらしく、帰国直前の晩餐会でも「いちばんおもしろかっ

東大寺。上より南大門、中門、
大仏殿外観と内観

た」と感想を残している。[9]

十一月七日　東大寺大仏殿

この日は、用事を済ませ夜行列車で京都に駆けつけた吉阪も都ホテルで合流し、奈良へと車で向かっている。吉阪の日記によれば東大寺、正倉院、二月堂、三月堂をめぐり、いまも若草山の麓にひっそりと構える老舗の私風旅館・月日亭で昼食した後は、さらに足を延ばして法隆寺まで見学したようだ。ル・コルビュジエのスケッチブックには、東大寺の中門と思われる扉のディテールが細かく描かれており、大きな扉をどう開け閉めするのか、軸部分の納まりに興味を魅かれたことが読みとれる。また、同行した吉阪の目撃証言を足せば、ル・コルビュジエはそのほかに東大寺大仏殿

先斗町の一角。四条通から三条通に延びる鴨川沿いの花街

の柱と梁のプロポーション、正倉院のピロティの木の肌などに感激したという[10]。

秋の奈良を車で走りまわった後、京都へと戻り、夕方は当時の京都市長・高山義三の招待を受けて平安神宮近くの料亭・有楽荘で会食している。おりしもこのとき高山は、前川の設計で一九六〇年に竣工する京都会館の建設構想をスタートさせたばかりだった。その後は前の晩よほど印象に残ったのだろう、先斗町にふたたび繰り出して実測調査のようなことまでしたらしい。宿泊先の都ホテルの便箋にも路地らしきものがスケッチに描かれている。こうしてル・コルビュジエは、あわただしい京都と奈良の視察を終えている。

十一月八日　弟子たちの仕事

この日の一行は、朝の飛行機で大阪を発ち東京へ戻っている。吉阪の文書によれば、ル・コルビュジエは帰りの飛行機でも富士山に感激してスケッチを重ねたという。そして関係者の証言から、

神奈川県立近代美術館中庭にてル・コルビュジエと坂倉

羽田に到着した坂倉と吉阪が独断でこの日の予定にはなかった行動に出たことがわかる。上野公園に直行するはずの約束をすっ飛ばし、ル・コルビュジエをそれぞれの設計した鎌倉の神奈川県立近代美術館（一九五一年竣工）と新宿区百人町の吉阪自邸（一九五五年竣工）へと案内したのである。

どうしても見てもらいたかったにちがいない。あるいは、関西で古建築ばかりを見せられたル・コルビュジエがお前たちの現代建築を見たいとリクエストしたのだろうか。神奈川県立近代美術館は、長く美術館プロジェクトを温めながらまだ実現にいたっていなかったル・コルビュジエにとって見ておきたい建物だったであろう。吉阪自邸も、三年前にパリの自分のアトリエで学んでいた吉阪がどんなコンクリートの自邸を完成させたのか興味を魅かれたのだろう。

鎌倉では、帝国ホテルや国際文化会館でも

神奈川県立近代美術館。上・南側外観。下・1階テラスと平家池

吉阪自邸にて。中央に吉阪夫妻

使われていた大谷石に関心を示したことがスケッチブックに残されたメモからうかがえる。現地で立ち会った坂倉事務所の担当者・駒田知彦氏によれば、ル・コルビュジエは、池に張り出すピロティと中庭にもっとも注目したという。[11]また二階の貴賓室でこの美術館が掲載された雑誌「新建築」一九五二年一月号に見入る彼の姿をとらえた写真も残されている。一方、吉阪の自邸については構造フレームのスケッチとみずからの住宅計画案シトローアンハウス1922と同型とのメモがある。いずれの建物もル・コルビュジエに強い印象を残したのだろう。

吉阪の日記によれば自邸に立ち寄ったのが午後四時であり、結局、前川ら関係者が待つ上野の敷地に到着したのは、あたりがすっかり暗くなってからだった。仕方なく懐中電灯でル・コルビュジエの手を引きながら敷地を検分したという。[12]

その後、ル・コルビュジエはいったん帝国ホテルに入って新聞記者と会談し、ふたたび神楽坂まで出かけて矢来能楽堂で能を鑑賞、最後は国立西洋美術館の実現を支援する美術館建設連盟の会長を務めていた日本商工会議所会頭・藤山愛一郎の招待を受けて赤坂の料亭・長谷川で会食している。ル・コルビュジエのスケッチブックには藤山邸のタピストリーとメモされており、あるいはこの席で、坂倉の設計で一九五六年に竣工する藤山邸のための製作依頼が話に出たのかもしれない。

十一月九日　上野公園、五度目の敷地検分

日本の滞在の最終日となったこの日も、ル・コルビュジエは朝十時にホテルを出発し、まっさきに上野公園へ向かっている。坂倉、前川、吉阪もそろって顔を見せていた。昼はフランス大使の主催による午餐会に招かれ、三時には宮城周辺を見学。しかし、四時にはふたたび上野の敷地に舞い戻っている。五度目となる最後の視察だった。その後、五時に帝国ホテルへと帰り、六時半から八時まではホテル内のフランスレストランのプルニエで関係者とのお別れの晩餐会に出席している。

そして午後十時、最後は新聞記者から腕章を借りて飛行機のタラップの上まで追いかけてきた吉阪に滞日の感想と別れを告げ、パキスタンのカラチ行きのエールフランス機に搭乗し、羽田からインドへ向けて旅立ったのだった。延べ百六十八時間四十分のル・コルビュジエの日本滞在は、こうしてあわただしく終わった。

フランスに帰国後、ル・コルビュジエは、およそ一年四ヵ月をかけて国立西洋美術館の設計をまとめている。日本滞在の成果は、どのような形となってあらわれたのだろうか。

よく知られているように、ル・コルビュジエにとって美術館は生涯にわたって追求しつづけた建

アーメダバードのサンスカル・ケンドラ美術館

築だった。一九二九年、アトリエ留学中の前川國男が描いたムンダニウム計画のなかの世界美術館以来、少なくとも十をこえるプロジェクトがあった。けれども、さまざまな理由からどれひとつとして実現せず、国立西洋美術館と同時期に計画されたインド・アーメダバードのサンスカル・ケンドラ美術館（一九五七年竣工）がはじめて形となった建物だった。

そのため、このふたつの美術館には、まんなかの吹き抜けホールを中心にして展示室が渦巻き状に展開するプロトタイプのプランが共通にみられる。と同時に、それぞれの国の風土の違いを読みこんだ異なるデザインも確認できて興味深い。アーメダバードの場合は、インドの強い日差しと雨の多さを考慮してピロティと中心の吹き抜け部分を外部空間として開放し、屋根の上に溜めた雨を中庭の池に落とす工夫が施されている。また、煉瓦を積んだぶあつい外壁と、自然光のほとんど入らない展示室が特徴になっている。これに比べて国立西洋美術館では、ピロティも中心の吹き抜けも室内に設けられ、展示室には自然光がふんだんに採り入れられている。スケールも小ぶりだ。そしてアーメダバードにはない形態上の特徴にル・コルビュジエの日本理解が読みとれる。

設計経過をトレースしてみると、一九五六年六月の基本設計終了の直前に、彩光のための高窓のデザインと吹き抜け部分の屋根が大きく変更され、強い形があらわれる。ル・コルビュジエはここで、彩光のための高窓の配置は桂離宮の卍亭を、吹き抜けを支える象徴的な柱と梁の架構は東大寺大仏殿のダイナミックな木造部分を、そして三角屋根は必要以上に高くもちあげて直接的には東大寺大仏殿の瓦屋根の造形を模倣しつつ、じつは建物から高くそびえる山、すなわち富士山をモチーフにしたのではなかろうか。

上・サンスカル・ケンドラ美術館、中庭。
下・国立西洋美術館、19世紀ホール

国立西洋美術館屋上。三角屋根の19世紀ホール天窓と卍型に配された展示回廊天窓

高窓については日本で描かれたスケッチが、三角屋根については実施設計図に残された富士山のスケッチと、おりしも当時ル・コルビュジエのアトリエにいた進来廉氏の証言がその推察を補完してくれる。「「あなた方日本人は富士山より大きくはなれないだろう」という言葉が印象に残っている。国立西洋美術館の設計のため来日したとき、コルは富士山を目前にして、持ち前の闘争心からこの主題と取り組もうと考えたにちがいない。たとえば葛飾北斎や梅原龍三郎のように」[13]。そこに、さらに吉阪隆正の言葉を重ねると、ル・コルビュジエのねらいが見えてくる。

「「どうして日本人は細かいもの、細かいところに、あれだけよい感覚と洗練さを示すのに、建物の壁以上の大きい世界での造形となるとダメなのか。おそらく、日本には壁がないからだろう。壁のないことはわかる。天候・風土の関係に違いない。あまりにも美しい自然のなかに溶け込みたいという気持ちもよくわかる。だが、すべてが細や

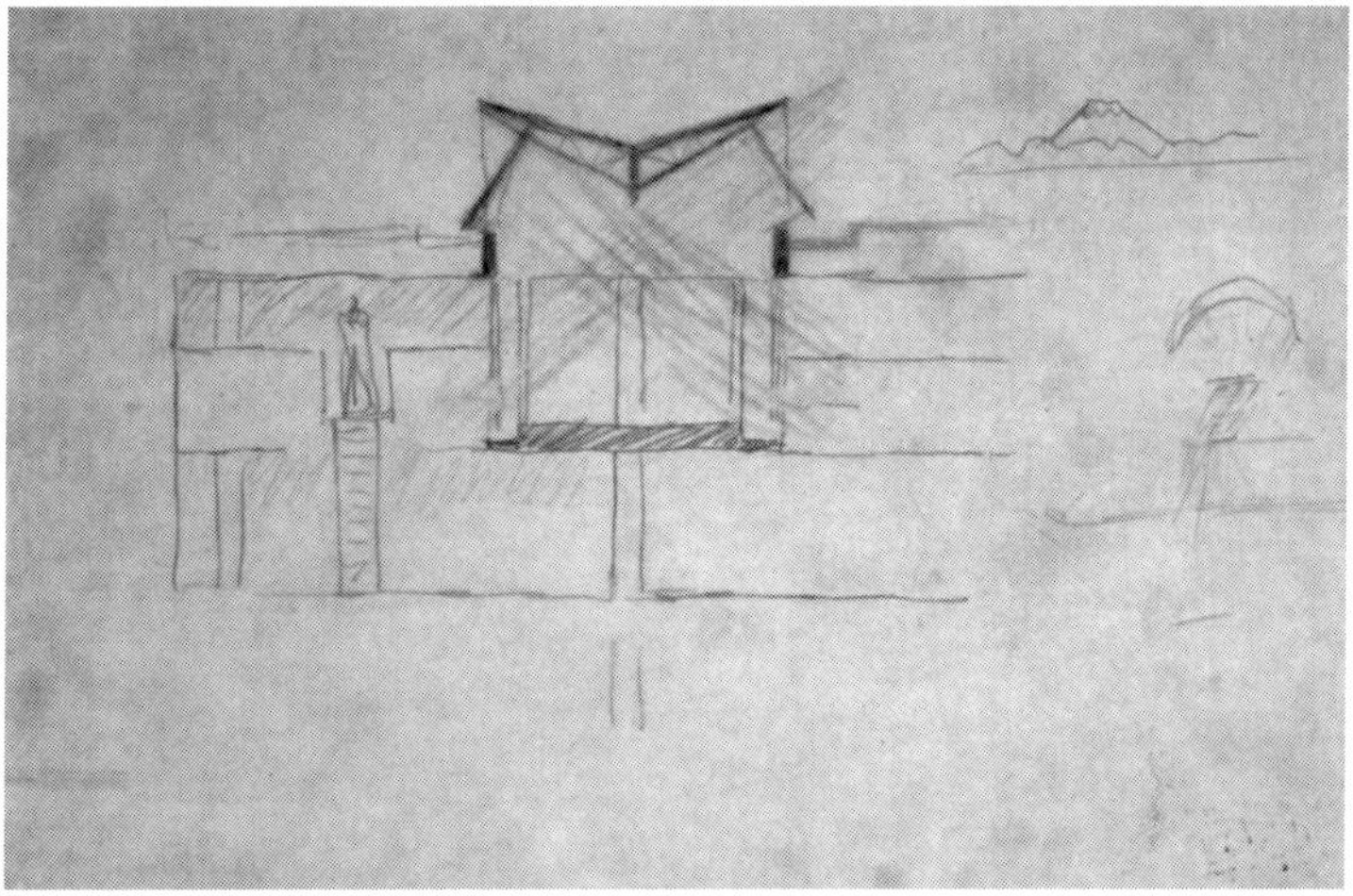

実施設計段階でのル・コルビュジエのスケッチ。展示回廊天窓の右上に小さく描かれた富士山

かで、それがお互いに打ち消し合ってしまう。コントラストが不足している」と、いいながら、富士山を大いに感激してスケッチしていることもあった(14)」

前述したように、ル・コルビュジエは若いころから浮世絵に描かれる富士山に憧れていた。だからこそ、日本の人工物にはないその超然とした姿にふれて感動し、国立西洋美術館に抽象化した象徴として取り込もうとしたにちがいない。富士山へのオマージュであり、そのことに気づいていない日本人への形のプレゼンテーションだったのだと思う。

さて、こうしてたどってきたル・コルビュジエの日本滞在と国立西洋美術館の設計過程の一端から何が見えてきただろうか。最後に少しだけふれておきたい。

日本におけるル・コルビュジエの足跡をトレースすると、そこには次のような態度をうかがうことができると思う。すなわち、彼にとって大切なのは好ましい生活空間の秩序を生みだすことのできる形自身のもつ力であり、その形は人間をとりまく風景や人間が無意識のうちにつくりあげたもののなかからいつでも発見し、抽出することができると考えていたのである。

そのためには、既成の権威にとらわれることなくすべての事象を等価に見る自由な視点と、見えにくい価値に気づく眼力が必要となる。そしてそうした姿勢の根っこにあるのは、現代を生きる人間にとって価値あるものをみつけ、それをできるだけシンプルな形に整えようとする意志だったにちがいない。同行した吉阪が記した次のような言葉からも、そのことが読みとれる。

「彼には有名であるとか、皆がよいとしているとかということは一向に念頭にない。現代に生きているもの、将来も皆がそのなかで生活できるもの、そういうものであれば、乞食小屋であろうと、路傍の草であろうと一生懸命に拾って歩く。日本的とは、過去の伝統的遺構にのみあるのではない。あの立派な作品を生み出した力が、今も生きている所にあると考える」(15)

ル・コルビュジエが各地の著名な建築に案内されながらも、むしろ何気ない街角に入りこみ、生活のなかにある造形に旺盛な好奇心を抱き、スケッチに描きとめようとしたのも、こうしたまなざしがあってこその行動だったのだろう。

やはり、吉阪の証言がある。

「『自然をよく見ろ』という教えは、恐らくまだショードフォンにいた子供の頃に、エプラトニエ先生から受けたものだろう。その言葉は、よほど感銘深かったのだろう。だが、それは単に自然を眺め、ありのままの姿を表面的にとらえることに止まらせてはいけない、ということでもあったらしい。私がある時、自分の描いたパリーの風景のスケッチ集をもって行き、彼に見せた時「あまりに絵描き的だな」と一蹴されたことがある。考えて見れば、私は風景を写生しているに過ぎなかった。それをつかんで生かしてはいなかった[16]」

ル・コルビュジエというひとりの建築家の残したものは、人間の生活環境をその都度価値あるものに転換するために必要な形への信頼であり、彼の日本滞在はその一端にふれる貴重な手がかりを私たちに伝えている。

弟子たちの軌跡

ル・コルビュジエから遠く離れて

大学在学中ル・コルビュジエの本に感銘を受け、迷わず卒業式の夜にパリへ馳せ参じた前川國男がアトリエに学んだのは、一九二八年から三〇年までの二年間だった。当時のル・コルビュジエは、前年におこなわれた国際連盟コンペに一位入賞したものの、折衷様式を信奉するアカデミー派の審査員に実現をはばまれ、それに抗議してまとめた著作『住宅と宮殿』を発表したばかりだった。

一方で、国際建築会議CIAMを組織するなど精力的な活動も続けていた。前川が長く担当したのは、一九二九年のCIAM第二回大会に提出された最小限住宅の計画案だった。これは時の労働大臣ルシュールから設計依頼された鉄骨による工業化住宅のプロトタイプであり、もとをたどれば遠く一九一四年に発表した空間構成原理的アイデア「ドミノ」にルーツがあった。

ドミノとは第一次世界大戦の戦禍で不足した住宅建設のために考案された量産システムで、鉄筋コンクリートの柱と床板、階段から構成される骨組みを供給し、廃墟の残材で壁を塞げば住みはじめることができるという提案だった。そこには様式建築では考えられなかった明晰な空間、建物を支える重々しい壁が取り払われた自由な平面と立面が誕生する。ル・コルビュジエのいう「フリー・プラン」、「フリー・ファサード」だ。そこにうかがえるのは、生活環境を人間的尺度に再編成できる工業化への信頼と、建築を構成要素に還元してはじめから考えなおそうとする自由への意思だった。前川はこうした思想にふれたのである。だからこそ、帰国直前に応募した名古屋市庁舎に始まるコンペ連続挑戦には、ル・コルビュジエにならい要綱を無視してプランを組み立てなおすことで、新しい時代にふさわしい建築を原理的に求めたいという願いが込められていたのだと思う。

また前川がテーマとしたのは、近代建築の前提となる工業化の可能性を切り開くことだった。そこには帰国後に学んだレーモンド事務所での実務経験も影響していたにちがいない。しかし、その作業は戦争によって中断を余儀なくされ、資材統制による技術の停滞や近代化の遅れという困難な状況とも闘わなければならなかったのである。一九五三年の前川の発言がある。

「二十年来、私の関心は日本の建築からコンクリートの壁を抹殺してこれを近代建築のスタートラインに立たせたいということでありました。理由はもちろん、平面の流動性と構造の経済性に重点のあったことはいうまでもありません」(1)

こうして「テクニカル・アプローチ」と呼ばれた前川の基本姿勢を理解することができる。彼は戦前からの耐震理論によって窮屈に固められていた構造壁を取り払い、建築をドミノのようなシンプルな骨組みへ還元し、そこに生まれた自由な立面を埋める工業製品の開発に取り組むことだった。ドミノで示された原理を試み、そこから共有可能な方法をみつけようとしたのである。具体的には

さらに平面の構成原理をみつける作業にも乗り出していく。来日したル・コルビュジエに模型を見せた神奈川県立図書館・音楽堂（一九五四年）はその結節点となるものだった。この建物では書

埼玉県立博物館。広場から正面入口を見る

庫とホールに耐震壁を集中し、周囲には壁のない明るい閲覧室とロビーが実現する。外壁にはプレキャストコンクリートとホローブリック、スチールサッシュが試みられる。そして自由な平面の計画によって、前川が「一筆書き」と呼んだ流れるような内外空間がつくりだされたのである。

しかし前川は、こうした試みを進めるなかで次第に近代建築の抱える問題点にも気づいていく。晩年に次のような発言がある。

「近代建築というものは、それ以前のね、石なり、レンガなりが主体の建築っていうものとはギャップがあるということを、だんだん痛烈に感じてくるようになったね。(…) 近代建築というものの美しさ、っていうとおかしいけれど、そういうものに相当自信をもっていたっていうかな、たしかに自分のなかの芯棒としてそれはあったんだけれども、いろいろと実際にぶつかってみるとね、これはだめなんじゃないかという気がしてきてね。近代建築の限界というかな、そういう疑いをもち

熊本県立美術館。常設展示室前より吹き抜けホールを見る

始めた[2]」

前川は自由な立面をつくる工業製品の脆弱さとぶつからざるをえなかったのである。こうして、一九六〇年の京都会館以降、埼玉県立博物館（一九七一年）や熊本県立美術館（一九七七年）にいたるまで、前川の建築には焼き物を用いた打ち込みタイルのモチーフがあらわれていく。その途上に書かれた言葉にも彼の思いがうかがえる。

「近代建築がその草創の時期にえせ古典建築を否定して、裸になれといったことは正しかったと思います。しかし裸になっただけで建築が誕生すると思うことも早合点に過ぎました[3]」

近代建築のなかに、近代以前の建築にあった確かな存在感の備わる方法を求めること。前川の戦後はこの一点に集約できる。しかし、そうした作業を経てなお語られた次のような晩年の言葉からは別の意味が伝わってくる。

「コルビュジエのところで、ぼくは例の最小限住宅をやらされたろう。CIAMに出すまで、ずっとあれをいじってた。そのときコルビュジエがこう言ったんだ。これは最小限住宅のプランだが、これだけで完結しては困るんだ、と。これが核になって、いろんな展開が、住宅としてだけではなくて、だね、建築の空間として、ヴァリエイションをつくり出せるようなものでなくてはだめだ、ってそう言ったんだよ。その言葉が妙に頭にこびりついていて、ふりかえってみると、どうもぼくのやってきたことってのは、そこのところから一歩も出ていないんじゃないかって（…）だから、そのドミノの線上で、ぼくは一つのことしかやってこなかったんだな、って気がしてるんだ」[4]

ここにさりげなく語られていることのなかに、前川の果たそうとした仕事の核心部分が見える。彼は最後までル・コルビュジエと自由な平面、自由な立面をめぐって対話を続けていたのである。そうした視点から後期の建築を見なおすと、打ち込みタイルの壁に囲われた単位空間の組み合わせによるプラン追求の痕跡を読みとることができる。近代建築の原理を自分のできるところまで追いつめ、その可能性を開くこと、前川國男の生涯はそう読みとくことができる。

近代建築の空間原理としての「ドミノ」に出会ったのが前川だとすれば、一九三一年から三六年にかけてアトリエに学び、三七年のパリ万国博日本館で国際的デビューを果たす坂倉準三が出会ったのは空間体験としての新精神、ル・コンビュジエのいう「エスプリ・ヌーヴォー」だった。

ル・コンビュジエは一九二九年、『全作品集』第一巻を出版すると、次なるステップへ踏み出していく。まず三一年のサヴォワ邸によって、白い幾何学的抽象とスロープから構成される人の歩みに沿って展開する風景の悦楽、彼のいう「建築的プロナード」を明快な形で実現させ、三七年のパリ万国博ではその延長線上で、坂倉の日本館と共通のモチーフをもつ鉄骨とスロープを組み合わせ

パリ万国博覧会日本館

た新時代館を建てている。また三一年のマンドロー邸や坂倉担当の三五年のマテの家では、自然素材を取り入れた地域主義的な建築も手がけていた。そして坂倉が帰国前日まで精力を注いだのが、「輝く都市」の提案だった。[5] そこには、都市を合理的に再編成し、高層ビルと広場が健康的な生活空間を創造するイメージが明るく描かれている。

　こうしたなか、坂倉が会得したであろうエッセンスを知る手がかりが残されている。一九二九年、ル・コルビュジエの南米アルゼンチンでの講演記録『プレシジョン』だ。

　ふたつのスケッチに注目したい。ひとつは、建築的感動はさまざまな部屋の組み合わせから生まれる空間のリズム、距離感、時間の導入によってもたらされ、その空間にいる人間こそ建築の中心にあるとする説明図である。彼はこう述べている。「なかに入る、そこで衝撃を受ける。これが基本的感動です。ある

神奈川県立近代美術館、西側正面入口。なお同館は2016年1月末日をもって一般公開終了

大きさの部屋が別の大きさの部屋に続いている、あるフォルムの部屋が別のフォルムに続いている。これにより感銘を受ける。これこそが建築であるのです[6]」。もうひとつは彼が「長方形のプリズム」と呼んだ白い立方体による説明図だ。そこでは長方形のプリズムを風景のなかに置くだけで周囲の環境が一変し、その置き方で効果がまったく異なり、装飾を用いずとも抽象的な純粋形態によって豊かな外部空間をつくりだしうることが示されている。

坂倉が出会ったのは、このような新しい空間の考え方だった。パリ万国博日本館やル・コルビュジエを案内した神奈川県立近代美術館もこうして生まれたにちがいない。ことに後者はル・コルビュジエの考え方そのものの実現に等しかった。次のような坂倉の言葉もそれを示唆している。

「近代美術館と一九三七年のパリ万国博日本館とは、われわれの手になる現代建築とは如何なるものであるべきかという私の建築精神の表示の一つ

飯箸邸。2007年、等々力から軽井沢に移築再生されレストラン（ドメイヌ・ドゥ・ミクニ）に

として共通のものをもっている。（…）新しい建築によって新しい調和のとれた外部空間をつくり出そうとした意図は、今なお生きていると思っている[7]」

前川國男との違いは明らかだ。前川が理念として方法論的に近代建築を受けとめたのに対し、坂倉は精神として文学的に詩的にそのエッセンスを体得したとでもいえようか。前川の自邸（一九四二年）と坂倉の飯箸邸（一九四一年）を比較してもいい。前者の明快で厳格な印象に対して、後者は水平線を強調した立面や通風口にセンスのよさが感じられる。

しかし、坂倉にはル・コルビュジエの人間性への共感があったことも忘れてはならない。彼が来日する半年前の坂倉の発言がある。

「ル・コルビュジエの有名なマルセイユのアパートにしても華やかな面ばかりが、日本に伝えられているが、あの仕事が彼の三十年の苦闘の末、中傷と非難の嵐の中で「犬に骨を投げてやれ」様にして与えられたもので、しかも「輝く都市」計画の次の仕事は一つも政府から与えられていないという大切な住宅問題に対する忍耐を要するながいながい地道なたたかいを、若い人たちは今のようなジャーナリズムの中で本当に知るだろうか」(8)

こうした気持ちから、坂倉は来日に間に合わせるべく彼の著作『マルセイユの住居単位』を急ぎ訳出したにちがいない。また、繰り返しその精神を伝えようとしたのだろう。そう考えると、坂倉が晩年に渋谷や新宿といったターミナル計画と熱心に取り組んだのも、思想としての「輝く都市」を日本で実現したいと願ったからだと思えてくる。そしてそこにも新宿西口広場の機能的でいて詩的な造形のように独特のセンスが生きていた。こうして坂倉準三は、人間ル・コルビュジエを深く敬愛しながら、明晰で清楚な空間の創造をめざしたのである。

前川や坂倉が近代建築の創成期にル・コルビュジエに学んだのに比べ、吉阪がアトリエに所属するのははるか後年であり、一九五〇年から五二年までの二年間だった。当時のル・コルビュジエは、一九四八年に人間的尺度の基準原理「モデュロール」を完成させ、一九五〇年にはロンシャン教会とインドのチャンディガール都市計画の設計依頼を受けるなど多忙な日々を送っていた。

もともと吉阪は都市計画を学ぶために渡仏し、偶然の出会いからル・コルビュジエに師事している。ル・コルビュジエははじめてアトリエを訪れた吉阪に、見習い生はすべて断っているが「日本を非常にかっているから」「来週から来い」と返事したという(9)。もちろん、前川と坂倉のことが頭に浮かんだのだろう。しかし、吉阪の文章からは別の意味もみえてくる。

「コルブュが日本に大いに期待しているのは、日本のそうした古い伝統の精神が、新しい物質文明

神奈川県立美術館、前庭にて吉阪、坂倉、ル・コルビュジエ

の下でどう蘇って来るか、という所にある様に感じられる。彼は在来の生活様式の中にあるよいものを見出して、近代にあてはめようとしている。その意味で彼は最も古い伝統も守ろうとする男だと自ら称しているのである。彼は日本はまだヨーロッパ程に近代物質文明の弊害をこうむっていないと思っているのである。人間本来の姿をまだ保っていると信じている。その故に日本に於て、人間の真の姿の再現されんことを望んでいるのである[10]」

ル・コルビュジエのめざしたのは過去の歴史を否定してまったく新しいものを生みだすことではなく、むしろ近代以前の日常生活のなかにあった価値を再発見することだった。この視点こそ、吉阪にとって決定的な意味をもったにちがいない。というのも吉阪は、建築の形が生みだされていくプロセスに立ち会うことで、ル・コルビュジエのまなざしのありかを理解していったと考えられるからだ。吉阪が来日したル・コルビュジエにできるかぎり同行しようとしたのも、彼の形が生まれる瞬間を見届けたいと強く願ったからだろう。逆に言えば、私たちは吉阪を通して神話化されがちなル・コルビュジエの創作過程を知ることができる。次の言葉も、そうした観察から記された。

「皆が見向きもせずに捨てる物や、いやだなと思って避けるものの中に、実は尊い宝がしばしばひそんでいる。コルはそうしたものへも愛情を持つが故に、それが宝となり、発明発見や創造のたねとしていたのである(11)」

形のもつ意味から建築を見直すことの大切さを吉阪は学んだのであり、そこではヨーロッパ中心思考も乗りこえられていた。ル・コルビュジエにとってもこの時代は非ヨーロッパ圏、ことにインドとの出会いによって作風を変換した時期に重なる。こうして吉阪は始源的な造形を求めていく。一九六五年に一期が竣工した大学セミナーハウスはそうした作業の集大成と呼べるものだった。

この建物では人の集まる場所をどのように組み立てたらよいのかがテーマとされ、さまざまな大きさのセミナー室や宿泊ユニット群を緑豊かな丘陵に分散配置することで集落のような風景が形づくられた。そして階段、手摺、家具、ドアの把手にいたるまで人の手にふれるものすべてが徹底してデザインされ、そのどれもが思わずさわりたくなる強いフォルムをもっている。そこには、原寸のリアリズムと呼べる形に対する信頼が込められていた。しかし、吉阪は次第に人工物が生活環境にあふれていくことへの危惧の念を抱きはじめる。そしてちょうど大学セミナーハウスの設計中に「有形学」という考え方を打ちだしている。

「だが人間のつくった形、その形に囲まれた環境と人間との関係についてはどれだけのことがわかっているだろうか。どうやったら最良で安全な姿を得られるかについて何かの指針があるだろうか。

大学セミナーハウス本館

そうした人工的な環境の中に住む比率が増大すればすればほどこのことは深刻な問題となりつつある。有形学は（…）正にそこに足がかりと見通しを与えるために、人間対環境の相互関係の中に生じる現象の法則を求め、その表現における文法を確立しようというものだ[12]」

高層ビルが街を覆い尽くし、人工環境が自然を見えなくしている現代の生活を吉阪は見通していたのだろうか。そこにあるのは人間の営みを人工物のありようから考えようとする文明史的、文化人類学的思考であり、近代を相対化する広がりをもっている。ここには前川や坂倉がめざした近代建築の枠組みは存在しない。吉阪はル・コルビュジエもこえて人類史のスケールで建築を考えつづけたのだと思う。だからこそ、彼は延べ十五年におよぶ地球的規模のフィールドワークに出かけ、膨大な量のスケッチに生活の形を書きとめようとしたのだろう。亡くなる前年の言葉がある。

「私が現代文明の恩恵によって、一〇年余という短い期間に、南極を除くその他の大陸をみな訪ね得たわけだが、ル・コルビュジエのように機械文明に全面的に楽観的でなくなり、失いつつあるものの中にある貴重な宝が気になり出したのだ[13]」

吉阪隆正の自由な造形は、生活が息づく何気ない風景へのまなざしから生まれたにちがいない。

三人の軌跡は私たちに何を語りかけているだろうか。近代建築の原理を信じ、日本への定着をめざした前川國男。近代建築の明晰な空間を実践した坂倉準三。近代建築の行く末を見つめ、生活の形を追った吉阪隆正。彼らの建築思想はル・コルビュジエとの対話のなかから生まれたのだと思う。けれども、むしろ彼らの軌跡によってはじめてル・コルビュジエのめざした建築の意味が目に見える形となるのではないか。三人の発した問いは、いまなお貴重な同時代性をもちつづけている。

Ⅳ

都心のキャンパス　大江宏と法政大学校舎

毎年春を迎えると法政大学の前に広がる外濠公園付近は、やわらかな日差しに映える桜の花に包まれてたくさんの新入生の笑い声であふれている。けれども、戦時下にこの大学が置かれていたのは苛酷な状況だった。

一八八〇年、わが国最初の私立の法律学校として誕生した法政大学はフランス自由民権法学の流れをくむリベラルな学風で知られていた。こうした伝統を受けて一九二七年には、西田幾多郎門下の三木清が哲学科教授に就任する。しかし、三木は三年足らずで治安維持法によって検挙され大学を追われる。その後を継いだ戸坂潤も「思想不穏」を理由に大学を解職され、後に治安維持法で検挙されてしまう。ふたりは結局、いずれも終戦直後に獄死し、戦後世界を見ることはできなかった。

また一九三八年には、いわゆる人民戦線事件と呼ばれる人民戦線結成の画策容疑で当時の東京帝国大学教授、大内兵衛など学者グループが大量に検挙される事件も起きている。このときも法政大学から美濃部亮吉、阿部勇、南謹二らが逮捕され、学園は重苦しい戦時色を深めていく。そして一

法政大学市ヶ谷キャンパス。右端の53年館は解体され、跡地にボワソナード・タワーが立つ

九四五年五月には空襲によって校舎の三分の二を焼失する。こうして法政大学は、自由な気風とそれを育んだキャンパスとを失って壊滅的な状態で敗戦を迎えるのである(1)。

一方、大江宏は一九三五年、東京帝国大学建築学科に入学している。同級生には丹下健三、浜口隆一らがいた。後年、大江はこの一九三五年を、自分にとって特別な意味をもつ転機の年だったと回想している。それは、内務省技師で明治神宮など数多くの寺社建築の設計に携わっていた父、大江新太郎の下に生まれた大江が大学入学後、製図室に次々に届けられる外国雑誌を通して欧米の最前線の近代建築にはじめてふれて、その新鮮な魅力に目を開かれたものの、生来体質としてもっていた「日本的なもの」とのギャップに強いカルチャーショックを受けたからであった。けれども、逆にそうした緊張感を抱えながら近代建築に向きあったからこそ、大江はそこから独自のエッセンスを汲みとることができたのだと思う。そして大江がとくに心ひかれたのは、ミースやコルビュジエのもの以上にデッサウのバウハウス校舎やハイポイント・アパートといった「清潔でクリアーなものへと純化されたCIAM」に代表されるインターナショナル・スタイルの建築だった。[2] しかし、そうしたあこがれは戦時体制のもとで実現にはほど遠く、大江は卒業後文部省や三菱地所に勤めるかたわら、自邸などいくつかの木造住宅を手がけただけで敗戦を迎えている。

時は移り、戦後復興期を応急の木造校舎によってしのぎながら学園の民主化を推し進めていた法政大学は、一九五〇年七月、総長に大内兵衛を迎えて本格的な校舎の再建へと乗りだしていく。奇しくもこの年は一九四八年に創設され、大江が教授に就任していた法政工業専門学校が新制大学への移行に伴って法政大学工学部へと昇格し、大内と大江の交流の始まった年でもあった。また興味深いことに、建設計画の影も形もない一九五〇年九月の時点でおこなわれた総長就任の演説のなかに、やがて実現する校舎に託される大内の率直な思いが表明されていた。

「学園とは、美しい建物と美しい庭園とそして大きい図書館と立派な学生ホールとである。（…）私は、法政大学が大志をいだく大学であることを信じ、また本学の教授と学生とは、新しい日本の民主主義のためにみな大志をいだいているものたることを信じます。そしてそういう志あるものにとっては、不完全なる設備のもとにおいても、貧しい生活条件のもとにおいても、なお学問をする方法はあるということ、そういうふうにして学問をやるうちに、かえって真実の学問、貧しい人民のための学問が育つのではないかとも考え、またそうしていつの日かは、立派な学園がその悲愴な決心のうちにできあがるであろうと考えるのであります」[3]

こうした決意をもって就任した大内の指揮のもと設計を依頼された大江は、翌年の一九五一年の春から法政大学のキャンパス計画に取り組みはじめている。後年、大江はこう述べている。「とにかく、この日本という土地に、インターナショナル・スタイルを再現させたいというのが建築学科在学中いらい持ち続けた宿願だった[4]」

この言葉にもあるように、この建物からいまでも変わらずに受けとることのできる清新な印象は、戦前から十五年の長きにわたってインターナショナル・スタイルによる近代建築の実現を希求していた大江が厳しい条件のもとで、それでもはじめてだからこそあえてあたりまえのことをひとつひとつ正攻法で積みあげようとした、原理的で明快な構成によっているのだろう。一見奇異にも感じられる53年館と55・58年館のT型に配置されたブロックプランも、大江自身の思考に即して理解すれば細長い敷地の複雑な条件と、空調設備が十分に装備できないなかで、部屋の使用形態や日照、通風や眺望を勘案して合理的な形で決定されたものであったことが読みとれる[5]。

ところで、このマスタープランの作成と最初に完成する53年館の実施設計が進められた一九五一年という年は戦後近代建築にとって節目となる重要な年だった。というのも、ようやく経済復興への兆しが見えるなか、前年にすべての建築制限が撤廃されて、戦前から活動を続けていた建築家たちの新しい時代を象徴する作品が次々に竣工しているからである。四月には、レーモンドのリーダーズダイジェスト東京支社がさっそうと誕生する。八月には坂倉準三の日仏学院が、十一月にはやはり坂倉の神奈川県立近代美術館がそれぞれ完成している。

けれども、こと高層ビルの近代建築についてはほとんど手がけられてはいなかった。たとえばテクニカル・アプローチによって建築の工業化と軽量化を追求し、はじめてアルミ・カーテンウォールに取り組んだ前川國男の日本相互銀行本店も、ようやく前年の一九五〇年十月に着工したばかり

大学院棟として使用されていた53年館外観。南東より見上げる

であり、その完成は法政大学の53年館着工後の一九五二年七月まで待つことになる。また丹下健三が構造コアによって軽快なファサードを提案した東京都庁舎の指名コンペがおこなわれたのも一九五二年のことだった。つまり、大江にとって53年館の設計とは、具体的な前例のないなかで文献資料だけを頼りにまったくの手探りで取り組まざるをえない作業だったのである。

こうした事情にもかかわらず53年館は竣工後、建築誌上で浜口隆一、山本学治らによる厳しい批判にさらされる。そうした批判は、空調設備と特殊ガラスを前提にすべきガラスのカーテンウォールを、その前提条件を抜きに実現させてしまった「冒険」の技術的裏づけのなさに集中した。(6)

それにしても、なぜ大江は全面ガラスのカーテンウォールにこだわったのだろうか。もちろん、そこにはあこがれとしてあったインターナショナル・スタイルの透明感あるファサードのイメージが先行していたことは間違いない。けれども残された資料から推察するかぎり、当時の大江は次のような、より理念的なレベルでも考えていたことが読みとれるのである。すなわち急激な都市化の進展に伴う建物の高層化という時代要請のもとでは、それを大きく拒んできた日本の特殊性である地震力への挑戦が前提であり、そのためには「建物をできるだけ軽くすること」、そして「工場生産的」であることが経済上の必要条件になること。このときガラスを外壁のスパンドレルとして使用することは現時点での最適な解決策のひとつであること。つまり、建築の軽量化と工業化を先駆的な形で切り開くために、あえて意識的にガラスのカーテンウォールを試みたのである。(7) たしかに建物からの眺望を優先させたために庇やブリーズ・ソレイユを設けず、通風に頼って真夏の日射量を軽視した大江の設計意図には少なからず無理があったことは否めない。また外部サッシュの規格化によるコスト削減をめざしたものの、「未だ総てが手工業的に行われている為に、結果に於いて必ずしも安くはならなかった」のである。(8)

しかしその後の軌跡を振り返ってみるとき、そう批判した誰よりも深く切実な形で当の大江自身が、日本における近代建築実現のための現実的条件の厳しさと近代建築を形だけで移入することの限界、そして何よりも日本近代建築の思想的脆弱性を痛感していたことがわかる。そしてこの地点から、息の長い大江の近代建築に対する独自な考察が始められていったのである。

こうしたなか、大江は一九五四年の三月から十月にかけて約半年にわたるはじめての海外に出かける機会を得る。それは直接的には堀口捨己から依頼されたブラジルのサンパウロにつくられる日本館（堀口捨己、一九五四年）の現場監理と、ヴェニス・ビエンナーレ日本館（後に吉阪隆正が設計し、一九五六年に竣工）の敷地選定というふたつの公的な仕事が重なったからだった。けれども、ちょうど建設中の55年館の鉄骨が建ちあがる最中での旅行のほんとうの目的は、何よりも「学生時代からずっと知識として持っていた西洋建築史、近代建築史を全部自分の目と足で確かめ」てみることにあったのであり、現場を差し置いてでもこの時点でどうしても現物の近代建築にじかにふれておきたかったのだろう(9)。

大江はまずアメリカへと渡り、当時インターナショナル・スタイルの最前線の建築のひとつだったレイクショアドライブ・アパート(ミース、一九五一年)などを見学し、設計中の校舎への範を求めてイリノイ工科大学(ミース、一九四二―四六年)やハーバード大学グラデュエート・センター(グロピウス、一九五〇年)といった新しいキャンパスを訪れている。またミース、グロピウス、フィリップ・ジョンソンらに会ってその思想を吸収することも忘れなかった。その後、南米での仕事を経てヨーロッパへとまわり、じつに十数ヵ国の近代建築をつぶさに見て歩いている。

けれども、そうした最先端の近代建築にふれながらも、大江が何よりもそこに見いだしたのは、長い西洋の歴史のなかで優れた建築だけがつくられた時代をこえて備えている建築の本質の変わらぬ側面だった。そうした発見の意味については、たとえば帰国後まもない時期におこなわれたある対談での次のような発言のなかにうかがうことができる。

「近代建築というと、非常に進んだ技術だとか、あるいは機械的な分析だとか、いわばそういう必然的なものからだけ建築ができあがっていくかのごとくに考えられていたけれども(…)その点について疑いをもちだした非常に大きなきっかけというのはパルテノンね、アクロポリスの……あれを見たときなんです。これは僕ら大学の最初のとき先づ習った建築だけれども、以来単に一つの建築史上の傑作であるというような理解の上で承知していただけなんですよ。ところが実際にアクロポリスのまわりを丸二日間グルグル回ってパルテノンに接したときこれはすごいということが文句なしに感じたわけね。(…)やはり建築というのは、いまだに変わっていないのだ、ああいう建築の真髄というやつは、あのギリシャの時代の昔といまと、そうちがわないのだという、まことにへんな話なんだけれども、そういう感じをもったのです[10]」

そしてサンパウロ日本館の現場監理の経験も、大江にとって大きな収穫だった。この仕事のなかで大江は、先達であった堀口の近代建築への独特な醒めたスタンスの意味、その非徹底性とでも呼べる側面への理解を深めていく。それは世界的な趨勢として支配的になりつつあった近代建築の極端な抽象化志向に対する直感的な違和感として次第に大きくなりつつあったものにちがいない。一方で、一九五〇年代を通じて、伝統の抽象化を徹底させるなかから独自のコンクリートによる造形を練りあげていった丹下健三の存在が影を落としていた。後年、大江は次のように述べている。

「特定の要素だけを抽出して、雑物をみんな切り捨ててしまう。邪魔だからといって、盲腸はいらないとか、アデノイドは切っちまえとか、扁桃腺を切ってしまえとか。まず、盲腸だって、アデノイドだって、扁桃腺だって、あって初めて人間が、ヒューマンであり得るんですよ。そういうものをすべてとり除いて、特定の要素だけの抽出という方法が気に入らない。(…)サンパウロの日本館で、如実にぼくが体験したのは、堀口さんがそこまで行ききらずに、踏み留まった。そのこと自体が、ぼくにとって、堀口さんが最大の師であることの重大な意味なんです[11]」

そして大江は「堀口先生がね、行ききれなかったというたいへん重要な問題、それを、行ききらせようというふうにはけっして考えずに、行ききれなかったということ自体を、ものつくりのモティーフの根源に持ってこれないかと[12]」考えはじめていく。これは後に「混在併存」というキーワードへと集約されていく大江の建築思想の核心部分ともいえるものだった。

こうして帰国後、目の前で進む55年館の建設工事を複雑な思いで見ながらも、大江はインターナショナル・スタイルからの離脱と教科書的な近代建築史観の見直し作業に取り組んでいく。

「何が、どうおかしいのか、それがわかるまでには三、四年かかりました。そうね、法政の58年館が竣工した前後からですよ、具体的に問題の輪郭がやや見えてきたのは。CIAMのインターナショナル・スタイルそのものへの疑問と、もう一つは歴史観。この二つが、根本から問い直しを必要とするところだなというふうに思うようになったのは一九六〇年前後からです[13]」

こうした大江の建築観の微妙な変化を象徴するのが58年館の設計変更である。その始まりについては早稲田大学大学院に籍を置きながら大江に私淑して「丁稚」奉公に入り、そのまま所員となった澁谷榮一の貴重な証言が残されている。それによれば55年館が竣工した年のある日、大江は渋谷を呼んで「法政大学55年館以降の将来計画を考えるように」とマスタープランを渡し、設計の根本的なやりなおしを命じたのである[14]。もちろん、すでに完成していた55年館と一体に設計された高層部分には手をつけず、55年館のファサードをそのまま踏襲する形で設計が進められた。

けれども、マスタープランのなかで55年館を単純に裏返した平面図で描かれていた58年館の講義室や学生ホールなどの低層部分については、この大江の指示どおり大幅な設計変更が加えられていく。そうした変更の内容については、新旧の配置図の違いのなかに明瞭な形で記録されている。そこからは、具体的には次の三つの新しい建築的な特徴を読みとることができる[15]。

まず高層棟に合わせて控えめなデザインだった低層部に独自の屋根、つまり北側には相貫体シリンダー・シェルを、南側には転倒型HPシェルを載せ、これらふたつの力強いマスが細長い高層棟

全体計画配置案（1955年）

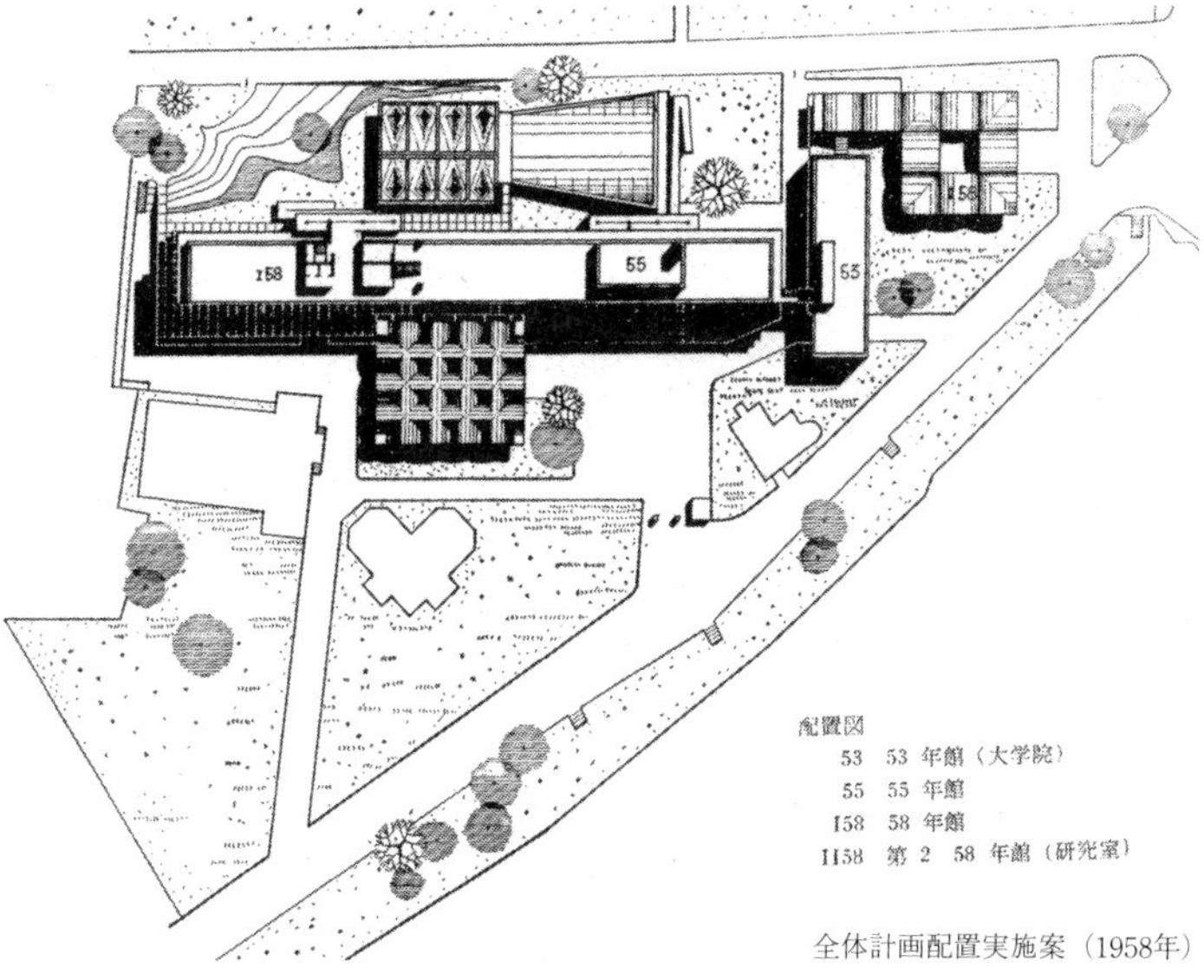

全体計画配置実施案（1958年）

を挟んで、これに拮抗する存在感が獲得された。次に低層部の一階部分を、正面のピロティから裏側の学生ホールへと続く連続した学生のための空間として開放し、東西に長く伸びた講義室からなる高層棟を大きく南北に貫通する新しい意味をもった軸線がつくりだされた。そしてマスタープランでは講義室で塞がっていた敷地南東の地上部分をあけて、学生ホールと高層棟のスロープでL字型に囲まれた広い庭園が確保された。

一見、ささいな変更のようにも思えるこれらの特徴は、実際に完成した建物を訪れてみると、いかにこの建物の意味を左右するほど決定的なものだったのかがわかってくる。ことにいわば十字形のクロスプランニングによって生みだされた、学生が講義室を離れて自由に集える場所である学生ホールまわりの空間は、この建物を生き生きとしたものにする大切な要素となっている。それは大内が夢見ていた学生ホールを中心とする自由な学園の実現そのものでもあった。大江自身、建物の竣工後、空間構成図に付された文章のなかでこう述べている。

「法政大学本館中央部の地階・一階・二階を、四スパン・二四m幅で北から南へ貫通する帯状のスペースは、コミュニティーのための地帯である。この地帯が法政大学全体計画の建築的な核をなす。更にこの地帯の中心をなすのが学生ホールであり、学生のコミュニティーの核である」[16]

また58年館で試みられたインターナショナル・スタイルからの離脱を意図したデザインについても、後年次のように書きとめている。

「外観はインターナショナル・スタイルを踏襲した形、つまりカーテンウォールを用いて明るく軽快なデザインで統一していますが、私の内的変化を密かに表しているのが学生ホール内部と、飛石を配したその前庭です。(…)学生ホールは南禅寺の伽藍を、いわばインターナショナル・スタイ

上・北側外観。本館（55年館・58年館）の手前に58年館低層棟（B棟）。下・南東より本館（58年館側）と南庭を見る。南庭の先に58年館低層棟（C棟）。2016年、付属施設の解体開始

58年館学生ホール

ルの定義からいえば異質のものを心中密かなモチーフとしています[17]」

この言葉どおり58年館の学生ホールには、それまでの建物にはなかったプレキャストコンクリートやコンクリートブロック、格子梁などで骨太く構成され、瓢箪型の照明器具のぶら下がる、禅寺を思わせるような濃密で不思議な空間が実現されている。澁谷によればこうしたモチーフを用いるとき、大江は決まって「ドロドロしたものでいこうや」という合言葉を使ったという[18]。

ところで58年館のデザイン上の変化は、軽快さからドロドロしたものへの転換といった表面的なものをこえた地点から発想されていた。それは大江が選びとった学校建築というテーマによって形づくられ、次第により深いところで自覚されていった建築のありように対する確信に支えられていたものだった。たとえば58年館を設計している最中に書きとめられた次の文章のなかに、大江が学校建築を通して見つめはじめていたもののおぼろげな輪郭をうかがい知ることができる。

「学校は（…）一生の中でも人間が成長する最も貴重な何年間かに亘る生活の場となるのである。ここでは（…）純粋に学業的な内容のほかに、例えば休むこと、食べること、談笑することなどを初めとして、その他有形、無形の学生のあらゆる生活が受け止められなければならない。これらすべてが総合されて、一つの学生生活が形成されてゆく場合に、学校の建築そのものがこれに関連して与えられている地位、あるいはこれを精神的に受止めなければならぬ責務は非常に重い。（…）われわれの設計している校舎が、果たしてどこまで学生生活の感動を受けとめ得ているか。果たしてどれだけの近親感を持ちこたえているか。かつて私が少年時代、子供心に抱いたことのある大学の校舎に対する古めかしい憧憬や畏敬の念を思い出してみて、そのことをおそれるのである」[19]

ここには、かつてあれほどあこがれていたインターナショナル・スタイルの機能的で透明な空間への志向はほとんど読みとれない。かわって学校がそこを使う人々にとっていかなる意味をもつのか、という視点から建築を考察しようとする姿勢があらわれている。

他の文章のなかでも、学校を学校あらしめている要素とは何かという点について、大江は自分がかつて過ごした東大建築学科の製図室がもっていた溜まり場的場所の重要性を指摘している[20]。すでに近代建築が陥っていた空間の効率化という流れのなかで次第に学校から失われていったのが、教室を出た学生がなんとなくたむろすることのできる中間領域と呼べる空間であることに気づきはじめていたのである。こうして58年館に特徴的にあらわれた表現の意味が理解可能なものとなる。ピロティ、バルコニー、スロープ、ブリッジなど大らかにとられた吹きさらしの空間と、コルビュジエのユニテ・ダビタシオンにも通じる屋上テラス。訪れてみると、大江の意図したことが自然な形で受けとめられて、学生たちがあちこちで談笑し、たたずんでいる光景に接することができる。

そして58年館には、丹下健三を中心に展開されていた伝統論争にくみしなかった大江が、それでもそれへの意識的な態度表明ともとれる、抵抗感ある骨格の確かさこそ学校に求められているとして取り組んだ形跡、コンクリート打ち放しによるさまざまな造形や骨太の手摺、コンクリートブロックによる壁面の構成などが出現する。これらは後の丸亀高校（一九六〇年）や丸亀高校体育館（一九六五年）にも継承されていく大江建築のモチーフとなるものだった。大江はこう書きとめている。「学生の生活を受けとめ得る場としては、もっと何か耐え支え得る分厚さや、割り切れない混沌さ、ときとしては必要なのであろう。その混沌さや、重厚さが、厳しく格調づけられてゆくところに、学生や、また人びとの心にじかに触れる建築の力がはじめて与えられるに違いない。（…）コンクリートは、この種のダイナミックな期待に、十分応え得るだけの資質を備えた素材である[21]」

こうした学校建築への考察を通して、大江は同時代の主流を形成していた近代建築を相対化し、むしろそれへの抵抗感を深めていく。たとえば58年館の竣工時点では次のように述べている。「とかく世間では、明るくて、スマートで、便利でさえあればなんでもかんでも近代建築という流行語を冠しておりますが、ただそれだけでは近代建築はおろか、そもそも建築の名に値しないのでありります。（…）現代の建築が備えなければならぬ（…）一番大切な資質は、それが単に生物的な生命を容れる物理的な容器としてではなく、（…）集団としての人間生活そのものの場であるというところにあります[22]」

さらに大江は、建築が人々にとってどうしたら意味ある存在になるのか、という空間の意味論を問う地点へと踏みこんでいく。一九五九年に書かれた文章にその萌芽を読みとることができる。

「建築がほんとうに「実在」するためには、もっと形にならないようなものの方が大切である。それは云わば大気のようなものであり、じかに肌にしか感じることのできないようなものであり、指先から、掌から、腕から、身体にじかに伝わってくるようなものである。専らそのようなものから教えられ、直接に導かれて自ら姿をとってくるようなものこそ、建築のなかでも一番欠くこともできない役割を果たしているのではないだろうか[23]」

こうして、大江は次第に時代の潮流から自立した独自の視点を獲得し、高度経済成長のただなかにおいても、多くの建築家がこぞって都市へと踏みだしていくなかで次のような、むしろそうした流れに抵抗することこそ建築家の使命なのではないかとする発言さえ残している。

「産業革命以来、非生産的、かつ非合理的であったそれまでの建築に対して強く抵抗する原動力となった機能主義によって近代の建築家達はすでに十分にその社会への職責を果たしおおせた。しかし今日事態はすでに一変し、再度われわれの役割りは、いま進みつつある時勢に乗ることではなく、逆に抵抗することであるということをはっきり知らなければならぬ時機に来たようである[24]」

ここには、近代建築を支えたはずの機能主義の論理が産業社会を正当化するものへと変容してしまったにもかかわらず、楽観的に語られていく都市への戦略に対する警鐘の意味が込められていた。

さらに大江は、一九六五年の二度目の旅行を通して地中海世界の建築のもつ重要性にも気づき、西洋建築史そのものの見直しを自覚するところまでその思想を深化させていく。たとえば一九七二年に発表された「西洋建築史の再検討」と題された論文のなかで次のように述べている。

「ヨーロッパ建築史の進路を一言でいうならば、そのような地中海的な強い内空間性をしだいに希薄化し、喪失してゆく過程であると同時に、一方で建築の理性的、技術的要素を優先し、高度に生長せしめていく進歩の記録である。（…）今世紀に入るやいなや、技術化、工業化の方向へと急角度になだれ込んでゆく現象を建築の進歩として捉え、浪漫主義、古典主義の揚棄をもってその進歩への転機とみなす近代建築史観はまずもって再検討されなければならない。同時にその基盤をなす西洋建築史がどうしても根本的に見直されなければならない[25]」

この文章からは、普連土学園やマリアン・ハウス（ともに一九六八年）に見られるパティオ（中庭）を中心に構成された内空間性の強い新しい建築形式出現の背景にあった大江の建築思想が明快に読みとれる。それは唐突だが、やはりインターナショナル・スタイルからの離脱を契機に独自の建築論を展開したルイス・カーンの到達した「ルーム」という空間概念に匹敵するものなのではないだろうか。無限定に広がるユニバーサルスペースを否定し、空間は人を包みこみ、それぞれに屋根のかかる完結した「部屋」の連なりから成り立つものだとする発想において、両者の思考の根源にあるものは、表現の差異をこえて驚くほど類似性をもっていると思われるのである。

こうしてみてくると大江は、近代建築のエッセンスとは何かをつねに自問しながら、同時に、学校建築というテーマに促されて独自の建築観を形成していったことがわかる。そして晩年の一九八四年におこなわれた対談において、次のような現代建築批判を展開してみせたのである。

「近代建築のそもそもの発生それ自身において（…）重厚荘厳なるものにたいして、むしろ流麗軽妙なるものを志向するという姿勢があった（…）近代建築がそういう精神を継承していれば（…）建築の文化的価値を喪っていくようなことにはならなかった（…）近代建築の清々しい新鮮さにぼくもまた打たれたのに、戦後の、とくに近年の日本では、その初心がまったく忘れられてしまって、それこそ重厚という以上にむしろ物質的にひじょうに肥大化した建築がまかり通っている[26]」

さらに「流麗軽妙」というキーワードについてはこう付け加えている。「流麗なるものというのは、ひじょうに開かれているし、軽妙さというのは、変なところにしがみつかない[27]」と。

六〇年代以降、大江のデザインは法政大学にみられたような明快さからは次第に離れ、さまざまな要素が併置され重ねあわされた一見わかりにくい様相を呈するようになっていく。しかし、そこにはポストモダンの潮流にありがちな安易で直截な折衷的な制作態度は見受けられない。建築の現在実現すべき形式に自覚的であるという意味において、大江は一貫して理念的な建築家であった。それは、大江が近代というすべてを作為性の積み重ねとして遂行せざるをえない状況をつねに意識化していた数少ない建築家のひとりだったことの証左だといえると思う。だからこそ何かへと収束してしまう時代の流れや、硬直化した理念を拒絶しつつ、あえてその不安定な途上に身を置きつづけるところから、建築の思想を鍛える立場を選びとっていったのではないだろうか。

法政大学の校舎群が私たちに伝えているのは、大江が創成期の近代建築から学びとり、繰り返し立ち戻りながら問いつづけたモダニズムという名の、方法的態度の初心的原点なのである。

集まって住む風景　公団阿佐ヶ谷住宅

はじめて阿佐ヶ谷住宅を訪れた日のことがいまも忘れられない。そこには、集まって住むことの心地よさとしか形容のしようがない、赤い屋根のテラスハウスの連続と豊かに育った樹木と手入れされた花壇とがつくりだす成熟した奇跡のような日常の風景があった。こんな素敵な集合住宅が戦後日本の都心にひっそりと息づいていたのか、と驚かされた。

出会いは偶然だった。一九九五年のことである。たまたまある建築雑誌の特集で戦後五十年の節目に戦後建築を振り返ろうとするシリーズ企画があり、そのなかで一九五五年に設立された日本住宅公団の草創期のことを聴くべく、公団の技師であった東洋大学教授の前田尚美さんをご自宅のある阿佐ヶ谷に訪ねた。その帰り際に前田さんが「この近くに前川國男が標準設計したテラスハウスがあることを知っていますか」と言われたのである。初耳だった。前川國男はすでに一九八六年に亡くなっていた。私事ながら、それでも引きつづき前川事務所で設計の仕事に携わりながら、翌年に出版される『建築の前夜――前川國男文集』の編集作業などを担当していた時期にあたる。さっ

公団阿佐ヶ谷住宅のテラスハウス群（2013年解体）

そく図面庫を調べると、公団の東京支所の管轄で一九五六年に発注された北入りの３ＤＫテラスハウスを意味する「東－56－ＴＮ－３ＤＫ」と記されたテラスハウスの標準設計図が見つかった。さらに公団に保管されていた資料から、この標準設計をもとに公団内部で団地全体の計画が立てられ、鷺ノ宮（一九五七年）、烏山第一団地（一九五八年）に続いて最大規模に採用されてできあがったのが阿佐ヶ谷住宅であることを知る。こうして、ようやく全体像が見えてきた。

また、設計の担当者を確かめると、同じく公団から発注された都市型高層アパートのケーススタディであった晴海高層アパート（一九五八年竣工、一九九七年解体）を手がけた後、前川の代表作となる東京文化会館（一九六一年）を担当、独立後はやはり集合住宅の先駆的な試みとして知られる坂出人工土地（一九六六―七四年）や広島基町高層アパート（一九七〇―七八年）を手がけることになる戦後派の若手スタッフの大高正人（一九二三―

二〇一〇年）だった。前川から大高へと受け継がれたものとはなんだったのだろうか。それは、前川が戦前にパリのアトリエで学んだル・コルビュジエから綿々と流れる住宅問題の解決というモダニズム建築が共通目標に掲げたテーマだったにちがいない。

そしてこの前川事務所が作成した標準設計をもとに全体の配置計画の設計を担当したのが、大高と同世代の若き津端修一（一九二五―二〇一五年）だった。彼は卒業論文で住宅問題をテーマとし、レーモンド事務所での実務経験を経て新しい住まい方の提案を夢見て草創期の公団に入社したばかりだった。津端は与えられた敷地に緩やかなカーブの周回道路を描き、そこに標準設計のテラスハウスを点在させながら、その住棟に囲まれたコモンと名づけた小さな中庭を設けた。さらに住棟のあいだを仕切ることなく、連続した緑の庭を随所に配置することによって、集まって住むからこそはじめて生まれる独自の風景を創造しようと試みたのである。

このような歴史の連なりと人々の思いが結実して一九五八年八月、阿佐ヶ谷住宅は竣工する。おりしも当時の日本は高度経済成長へと離陸する直前にあったが、一戸当たりの床面積は約五四平方メートル、鉄筋コンクリートの屋根と梁、コンクリートブロックの外壁と木造の室内からなる簡素なたたずまいにすぎなかった。それでも分譲価格は約百七十万円であり、公務員の初任給九千二百円の時代には高値の花であった。それから半世紀、そこに込められた思いと方法は、住民たちに集まって住むことの楽しさを体感させていったのだろう。日々の暮らしのなかで、光と風の通り抜けるコモンを中心にゆったりと流れる時間が積み重ねられてきたことがわかる。私たちはここに培われてきた集まって住む風景を明日へと受け継ぐことができるだろうか。いまはただ阿佐ヶ谷住宅が生みだしてきた風景の余韻を忘れることのないように、しっかりと目に焼きつけておきたい。

建築は誰のものか　京都会館再整備計画をめぐって

京都会館は、京都の戦後復興を象徴する記念碑的な施設として、高山義三市長の強いリーダーシップによって建設された大小ふたつのホールと会議場などからなる複合文化施設である。戦前の京都には木造の岡崎公会堂（一九一七年）が一九三四年の室戸台風で倒壊したまま放置され、市民の寄り集う場所さえ満足になかった。戦後を迎え、公会堂の再建を熱望する市民から四万をこえる署名と請願を受けて、厳しい財政状況のなか市民からの寄付と観光税の創設という苦肉の策まで講じられた結果、ようやく実現した悲願の建物が京都会館だった。一九五七年、尾崎久助（日建設計工務）、村野藤吾、前川國男による指名コンペがおこなわれ、満場一致で選ばれた前川案をもとに設計が進められ、一九六〇年に竣工する。設計にあたって前川は何を大切にしようとしたのだろうか。コンペ案の説明書の冒頭に「環境との調和」として、次のような形で明快に提示されている。

「東山一帯に囲まれた平面的な岡崎公園と、その水平的な性格を象徴するが如き疏水の流れ、それに既存の建物、公会堂、勧業館、美術館等の中層建物の高さなどを考え合わせる時、この場所に巨

京都会館、南側ピロティより中庭、勾配屋根の第1ホール（現存せず）を見る。右端は公会堂

大なマッスの高層建物を置く事は、公園地帯全域に対して不均衡を来すものと思われる。このため本案では建物全体を中層の高さに収め水平に延びた屋根面から大ホールの屋根、小ホールの舞台フライの部分のみを突出せしめる水平線的な構成をとった。この公園のもつ水平線的な性格は建物のボリウムの流れのみでなく（…）全館意匠の細部にまで浸透せしめ附近全地域及び周囲の風光との調和を図った(1)」

こうして水平線的な構成によって建物はまとめられ、第一ホールには寺院建築にも似た勾配屋根が採用されていく。じつはこの屋根の形態は、当時の建築法規からも求められて導きだされたものだった。というのも敷地は住居地域にあり、高さは二〇メートルに制限されていた。このため、特例許可によって、最高高さは二七・五メートルにもかかわらず、ボリュームを極小化できる勾配屋根とすることで特別に建設が認められた経緯があったのである。また用途地域上も劇場は建設不可

南側ピロティと会議場入口。左手に中庭、右手に二条通り

能だったので、集会場という扱いもなされた。その意味で、文字どおり当初は公会堂的な機能をもつ市民のための集会場として建設されたのである。そして前川がテーマとしようとしたのは、環境との調和だけにとどまらなかった。京都会館の竣工時に記した次のような草稿が残っている。

「終戦直後はじめて京都を訪れた時の感慨を私は忘れることが出来ない。戦火を受けなかったという事はこれ程スバラしい事であったかと、春の日ざしを浴びながら無量の感慨を踏みしめて京の街をさまよい歩いた[2]」

一九〇五年に新潟で生まれ、四歳で東京へ移り住み、終生をそこで過ごした前川は、関東大震災と東京大空襲による二度にわたる東京の焦土を目撃していた。だからこそ戦後、木造の組立住宅プレモスを試作していた鳥取への道すがら立ち寄った京都で、ほぼ無傷のままに残った木造の街並みに心から感動したにちがいない。こうして前川は、京都会館を設計するにあたって次のような思いを

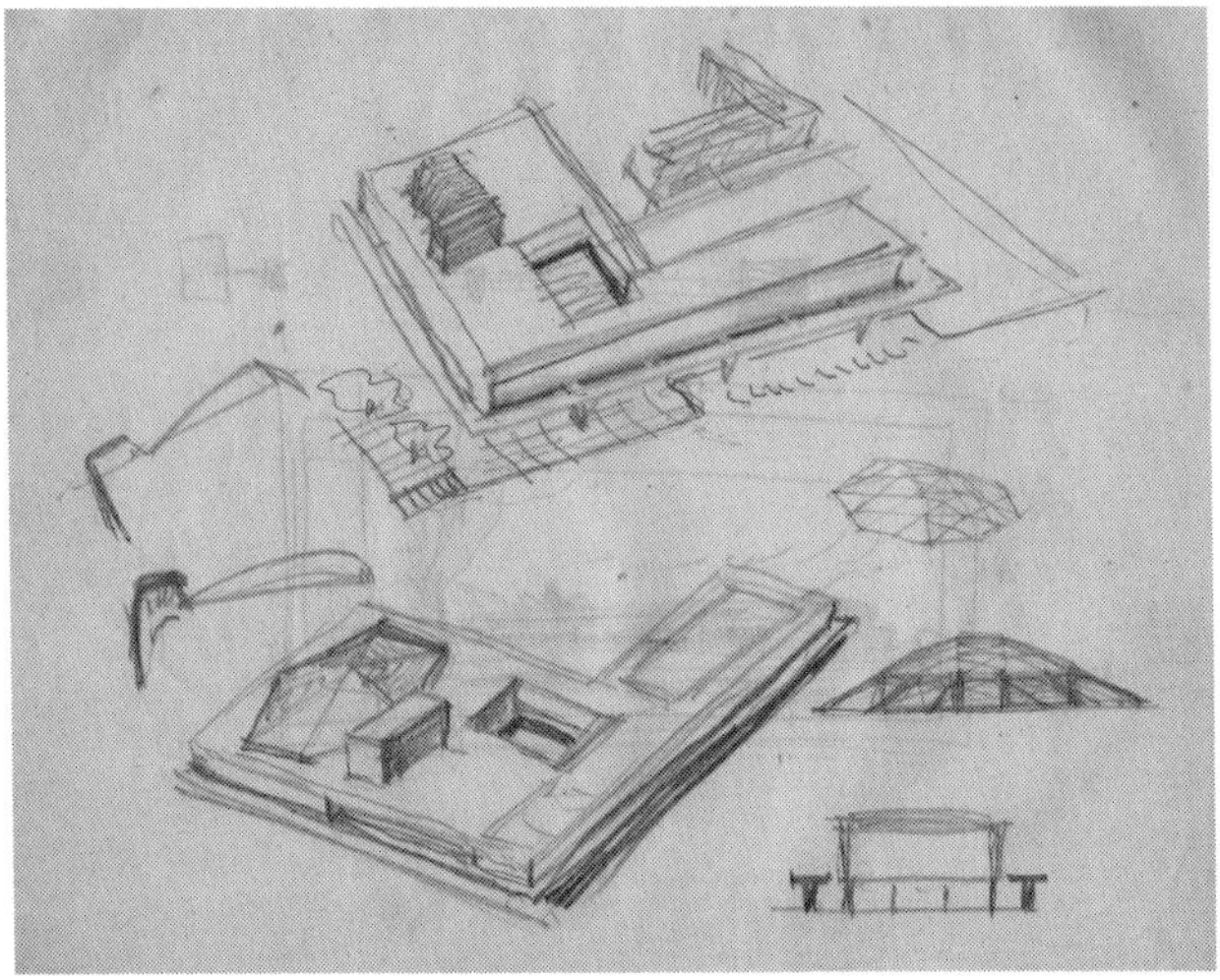

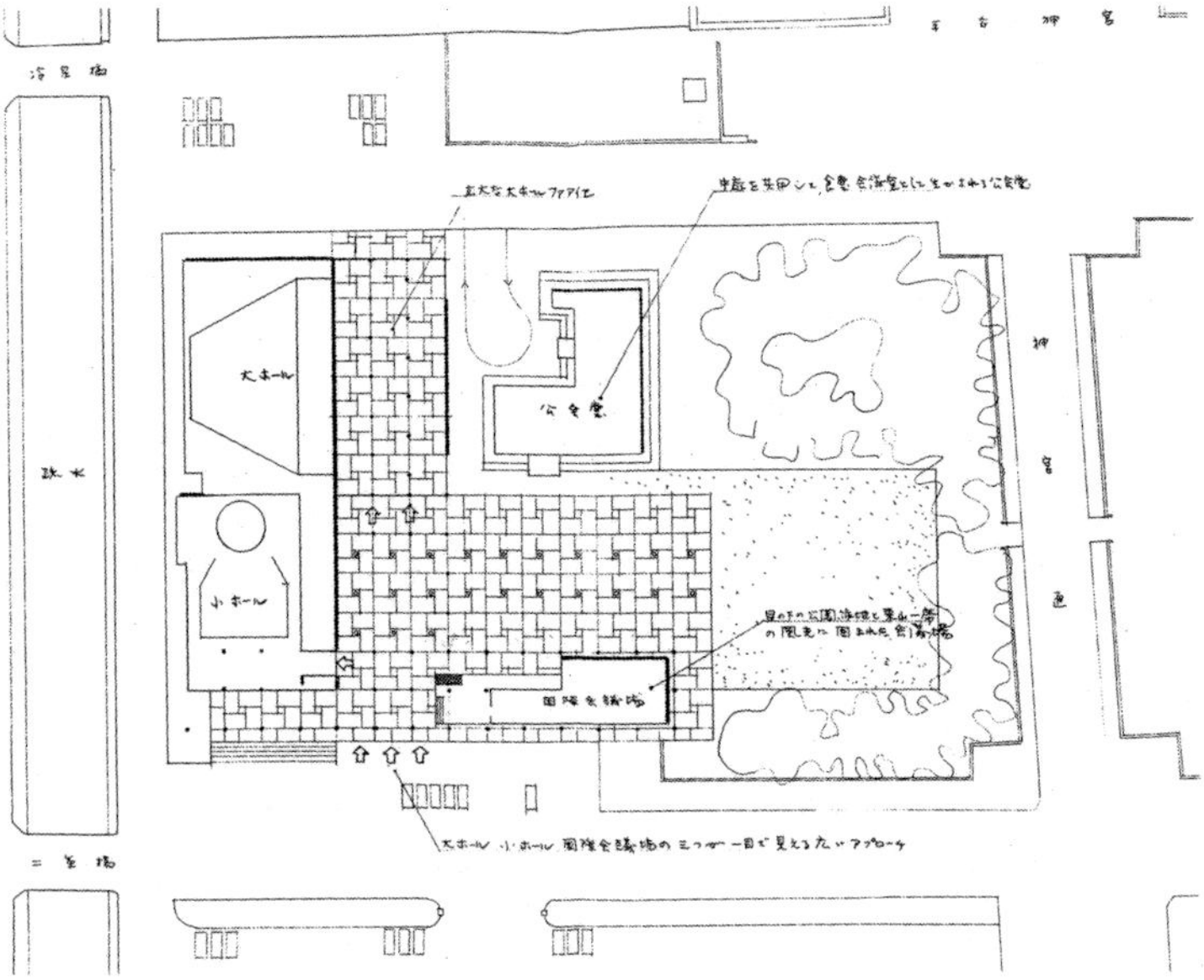

下・京都会館配置計画図（一九五七年）。
左・前川國男のスケッチ

もって臨もうとしたのである。

「京都という伝統的な土地柄に、文化センターといった近代的な建物を、どんな形で建築すべきか。正直いってそんなにやさしい問題ではなかった。いうまでもなく京都は「今日」を生きなければならない、然し「今日」を生きるというのはいったいどんな事なのだろうか。総じて人間が「生きる」というのはどういう事なのだろうか。京都は伝統の町という、京都は美しい古都であるという。然しこの美しい京都も伝統の町も、かつて此の町を、かくも見事に作り上げ、かくも見事に生き抜いた京都の人達の「生けるしるしある」創造的な充実した生活をのぞいては、うつろな廃墟にすぎないだろう。近代化も必要である事は当然である、然しそれがかつての京都をつくり上げた人達の充実した生命力のよろこびといったような貴重な伝統を傷つける様なものであってはならない。京都会館は近代建築技術をもって建設されねばならない、いかに設計したらこうした誤りを犯さずにすむかという点が、私達の最も大きな関心事であり同時に身に余る責任でもあった(3)」

このような自覚があったからなのだろう。京都会館にはそれまでにはみられなかった方法が意識的に試みられていく。建物全体を統合する大きな水平の庇、外壁に積まれた焼き物のタイル、水平の庇の先端部にとりつけられた曲面を描くプレキャストコンクリートの鼻先や手摺、寺院建築の石畳を彷彿とさせるコンコースの足元まわり、などである。これらは工業化された材料を用いた機能的な空間をめざすモダニズムの論理からはただちに導きだされることのないものばかりである。しかし前川は、こうした方法の追求によって、はじめて近代建築が日本の気候風土と伝統につらなるものとして定着でき、日本独自の近代建築が生みだせると考えたのだと思う。さらにそうした素材や部材だけにとどまらず、京都会館には、戦前以来前川が追い求めてきた中庭を中心とする周辺環境へと開かれた透明感のある内外空間の実現というテーマが注ぎこまれていた。晩年におこなわれた対談のなかで編集者・宮内嘉久の「京都会館で言いますと、もう一つあの建物の命になっているのはやはり中庭といいますか、あの空間ですね。京都の街とのつながりにもなっているあの空間というのは、大事な意味をもってるんじゃないか。(…) 広場というか、もうちょっといえば出会いの空間を大事にする、という考え方を前川さんがもっていらっしゃるようにお見受けするんですが」との問いかけに、前川は次のように答えている。

「私はね、戦前にコルビュジエとルーヴルの庭——チュイルリ公園につながって庭がね、ウイングがずっと出てる——、その庭を横切ってバスが通っている、そのバスに偶然に乗り合わせていたの。そしたらコルビュジエが僕にね、このスペースがとてもいいいんだという。つまり、物があるんだけどその物を感じさせない、しかもなにか包み込まれているような感じがここにはあるだろう。こりゃいいなあってことを、しきりに僕に言うんだ。なるほどと思ったんだな、僕はそのときにね。その言葉がひじょうに記憶に残ってたということはあるわけです(4)」

この発言からも読みとれるように、京都会館の中庭を取り囲む緩やかに閉じつつ開かれた内外の空間は、じつにその三十年近く前にパリでル・コルビュジエと交わした短い会話から得た手がかりを温めるなかから実現したものでもあったのである。こうして独自に追求された前川の方法が結実した証なのだろう。竣工時に現地を訪れた著名な美術評論家のフランソワーズ・ショオエは、京都会館を次のように評している。

「数多くの古い建築の傑作が今なおゆたかに残っており、過去の精神を完全に具現しているような伝統ある町に、新たに建物を建てるということは、建築家にとって、はなはだ情熱をそそると同時

竣工時、疏水沿いの西側外観

に、また危険をも含んでいる仕事である。なぜなら、それは古いものとの対照、対応の妙を発揮しながら、しかも現代の精神を強烈に表現しうるような、そういう美学的な密度の高さにまで到達しなければならないことだからである。（…）京都会館を見たとき、私が心に感じたのはまさにそのような密度の高さであった。全体の構成の示す高い格調と、昔の建築の木の骨組にも比すべきみごとな打ち放しコンクリートのもつ厳しい力強さとによって、そこには古いお寺に見られるのと同じような雄大な雰囲気が創りだされていた。外部から階段によって導かれる広々とした入口、わずかに上に反った屋根の線を示す軽いアクセント、それに呼応するバルコニーの支えなどは、この建物が多くの人びとを迎え入れ、近代生活の種々の祭りに参加するよう呼びかけるために建てられたものだという印象を、いっそう強く与えるのに貢献している(3)」

ショオエは、中庭を中心とする伸びやかな空間構成と、曲面でアクセントをつけられた水平の大庇やバルコニーの手摺によって、人々を迎え入れる呼びかけのデザインがなされていることを正確に読みとっている。そしてこの評価は、一九六〇年度の日本建築学会賞の推薦理由に記された「禅寺のもつ素朴であるが力強い荘厳にも似通うものをいみじくも現出している（…）京都会館は禅寺が昔の社会の精神的道場としての造形を持っていたのに対し、近代市民生活の共同の場としての造形を打出すのに成功している」[6]という言葉や、建築年鑑賞の審査評における「日本の現代建築がこれほどの親しみをもって国民生活のなかに根を下しはじめたと思われる作品は他に少い」[7]との感想によっても証明されていく。そしてそれは開館五年後に記された前川の言葉からもうかがえる。

「時折り京都を訪れて此の建物のあたりを散歩して、正直のところその維持管理の行き届いている

上・ホワイエ。下・第1ホール内部
（いずれも竣工時）

有様は私共にとって心暖まる思いである。（…）此の建物をそれ程見事に管理しておられる当事者の方々の愛情と責任感とに私は何よりも深い信頼と敬意と感謝の念を捧げずにはおられない。ホントウに建築家冥利につきる話である[8]」

竣工から時を経た二〇〇三年には、日本を代表する近代建築のひとつとしてDOCOMOMO Japanによって百選にも選ばれた。また、評論家の加藤周一（一九一九―二〇〇八年）は、京都会館には「戦後日本において成功した近代建築の一つの頂点がある[9]」と絶賛し、晩年にいたるまで京都会館で講演するたびに壇上からこの言葉を発していたという。

しかし実際には、竣工から五十年間休むことなく使われつづけた京都会館は、最低限のメンテナンスだけで維持され、抜本的な改修を施されることなく今日までいたってしまったのである。その間、一九九五年にはクラシック専用の京都コンサートホールが北山に建てられ、京都市交響楽団も本拠地を移した。百五十億円の巨費を投じ、その一部機能が転出したにもかかわらず、京都会館はなんら手当てを施されることはなかった。戦後直後の厳しい時代に当時の関係者が全力を注いでつくりあげた会館は、そのままの状態で五十年間使い倒されてきたことになる。同じ前川の設計によって一年後に開館し、ほぼ十年ごとに適切な修繕と大規模な改修が施されてきた東京文化会館との違いはあまりも大きい。それでも、京都市が公表した資料によれば過去五年間の第一ホールの稼働率は平均七〇・四パーセントという高い数値を保っていた。こうして迎えた二〇一一年六月、京都市は突如第一ホールを取り壊して改築するという再整備計画を発表したのである。

再整備の方針は、基本計画に記された第一ホールを「オペラ、バレエなどに代表される総合舞台芸術も可能な舞台をそなえた多目的ホールとして整備する」という文言に象徴される。[10]課題となったのは、勾配屋根という形状の制約から手狭であった舞台の奥行きと舞台内高さの抜本的な改善である。具体的に示された目標値は奥行き二〇メートル、舞台内高さ二七メートルであり、その根拠については「世界水準のオペラ」公演が可能なことと明記された。同時に、「商業公演の実施が可能となるよう、二千席を確保」することも謳われた。取り壊し決定の背景には、このような舞台の大きさと客席数の確保という至上命題が横たわっていたのだ。しかし、なぜ世界水準のオペラ公演が必要なのか、また仮にそれが必要だとしても、その大きさが既存の建物や環境全体にとってほんとうに適正な規模といえるものなのかという懸念される事柄について、専門家によって検討された痕跡はまったくない。しかも奇妙なことに、この基本計画の方針決定から三ヵ月も経過した二〇一一年九月になって取り壊しを前提とする「建物価値継承に係る検討委員会」が設置され、基本設計と同時並行して検討が進められていったのである。

検討委員会は五回にわたって公開でおこなわれ、二〇一二年四月に「機能向上や利便性から計画された改修であっても、それが歴史的な建物価値を損うことのないよう取り組まなければならない」として、設計の修正を求める提言書が提出される。そしてこれを受けるかたちで基本設計は六月に発表された。だが、その内容はなんら既定の方針を修正するものではなかった。その証拠に、京都市は二〇一二年九月、地元の建築家・長崎和平氏の質問に答えて「提言書が示された前後において、基本設計の内容に変更はありません」と回答している。[11]しかもその直前に再整備計画について、「新しい舞台のサイズとデザインは、前川の設計思想と細部によって形成されている美と調和を損う」とする懸念を表明し、計画の「再考」を求める意見書を京都市長に提出したイコモス二十世紀遺産に関する国際学術委員会のシェルダン・バーク委員長への回答書のなかで、京都市長が次のように記しているにもかかわらずである。

「特に、京都会館の建物価値に配慮するため、前川國男氏が設立した前川建築設計事務所や日本建築学会の協力を得て、建築や舞台技術の専門家などにより構成された検討委員会を新たに設置して、京都会館の建物価値を継承した設計となるように慎重に検討した上で、基本設計の取りまとめを行いました」

検討委員会の委員からは、誰からも提言が活かされていないことを遺憾とする意志表明が出されることはなかった。また二〇一一年三月に保存要望書を会長名で京都市長に提出した日本建築学会も、この事態になんら反応しなかった。これでは京都市の方針を専門家として追認したと言われても仕方がないのではないだろうか。社会的役割が果たされず、機能不全を起こしていることは明らかだ。こうしたなか、二〇一二年九月から第一ホールの解体工事は始まり、それと並行して粛々と実施設計が進められた。

どこに問題の所在があるのだろうか。単純に試算してみると、五十年という年月にわたって七割の稼働率で使われてきたと仮定するならば、二千席を有する第一ホールの利用者は延べ二千五百万人にものぼる。第二ホールや会議場なども含めれば、ここを利用した人の数はその数倍にも達するだろう。そのなかには、小学生から高校生まで京都府下の予選本選のすべてが延べ四十八回も積み重ねられてきた子供たちの音楽の一大祭典だった京都府吹奏楽コンクールも含まれる。その最後となった二〇一一年八月、会場を訪れると、子供たちの歓声と音楽が建物と一体となって響きわたる幸福な光景が広がっていた。そんなことを少し意識するだけでも、京都会館がいかにそこに寄り集う人々にとってかけがえのない風景となっていたのかが見えてくる。建築とはそのような生きられた全体なのだと思う。だからこそ、本来その設立の主旨を尊重しながら、持続的に良好な状態を維持することが求められる。また大規模な改修を施す場合にも、慎重な検討が不可欠となる。京都会館の再整備計画の策定にあたってもっとも不可解なのは、専門家による検討が尽くされることなく、唐突に設定された方針に沿って盲目的な形で事業全体が進んだことだ。しかも改築後の運営方針や維持管理コストの試算さえ公表されていない。すべては完成してみなければわからないという建築の計画で、まったくのコミュニケーションの不在で、どうしてよい結果を生むことができるのか。

建築は、そこに積み重ねられたコミュニケーションの総量を素直に形としてあらわしてしまう。そこにないものを求めるよりも、そこに培われてきたものを尊重しながら上手に使いつづける知恵をもちよることがなぜできないのだろう。しかも時代は少子化、生産年齢人口の急激な減少へと動いている。高度経済成長時代に大量につくられた道路や橋、トンネル、水道、ガスなど生活インフラの劣化も懸念される時代にも入った。むしろ求められるのは、建築をできるだけ上手に使いつづけること、より日常に近づけ、ふだん使いニーズの裾野を広げることなのだと思う。そしてそのとき、京都会館に込められていた景観との調和や中庭を中心に広がる開かれた公共空間は、かけがえのない可能性を秘めたものとして浮かびあがるにちがいない。私たちには、身近な生活空間を守り育てるために不可欠な建築をめぐるコミュニケーションが決定的に不足している。半身とされた京都会館は、何よりもそのことをこれからも問いつづけていくことだろう。

大学セミナーハウス　吉阪隆正の有形学

いつも優れた建築には時代の刻印が刻まれている。そして逆に、その建築を通じて人々の生き方や思想が育まれ、時代が形づくられたそんな形跡さえ読みとることができる。

一九六五年七月五日の開館式から活動を始めた大学セミナーハウス（以下セミナーハウスと略）は、いままでに延べ百八十万人をこえる利用者と半世紀におよぶ歳月の経過を見守りながら、うっそうとした緑のなかで静かなたたずまいを見せている。建物自体は変わることなく存在しているものの、それをとりまく環境や社会のほうは目まぐるしく変動してしまった。そこでこの建物の意味を正確につかむためにも、設立当時の世相から振り返っておきたい。

一九五〇年代後半から始まった高度経済成長は一九七三年のオイルショックまで続き、生活をめぐるあらゆる側面で人々の暮らしを激変させていく。産業構造の変化に伴う大都市圏へと人口集中と農村の過疎化、公害問題の深刻化、サラリーマン社会の成立などが一挙に進んでいったのである。こうした急速な近代化のなかで、人と人との関係がきしみをあげていたことを象徴するかのように、

大学セミナーハウス本館外観

当時「疎外」という言葉がひんぱんに使われ、F・パッペンハイムの『近代人の疎外』（一九六〇年訳）やD・リースマンの『孤独な群衆』（一九六四年訳）などが広く読まれていた。『近代人の疎外』のあとがきが、当時の社会を覆っていた不安感の一端を正直に伝えている。

「近代における人間の疎外は、個人が自分の同胞である他の人間や、一般にまた自分の周囲の世界に対してもっぱら利害打算の立場から接し、それらとの間に非常によそよそしい関係しかもちえなくなってゆく傾向として現れている。そのために個人は深い孤独のなかに生きている。そして（…）自我喪失の状態におちいっているのである[1]」

また「週刊朝日」で、オリンピック前夜の喧噪に包まれた東京をルポして歩いていた開高健はこんな言葉を書きとめていた。「東京には中心がない。（…）人びとは熱と埃と響きと人塵芥のなかに浮いたり沈んだりして毎日を送り迎えしているが、自分のことを考えるのにせいいっぱいで、誰も隣人には関心を持たない。膨張と激動をつづける広大な土地に暮しているが、一人一人の行動範囲はネズミのそれのように固定され、眼と心はモグラモチのそれに似て、ごくわずかな身のまわりを用心深く眺めまわすだけである」[2]

こうしたなかで、急速に高まった高学歴志向と工業化社会からの要請を反映して大学進学率が六〇年代の十年間に一〇・三パーセントから二一・四パーセントへと急上昇し、セミナーハウスの竣工した六五年には大学生の数が百万人を突破、高校進学率も七〇パーセントに達していた。当時の新聞記事に繰り返し出てくる言葉に「マスプロ教育の弊害」「五月病」などがあり、六二年には文学部の女子学生比率が三七パーセントになったことを背景にして「女子大生亡国論」という暴論まで飛び出している。セミナーハウスの企画時点から計画に参加し、後に文部大臣を務めることになる永井道雄（東京工業大学教授）は、当時まとめた著作のなかで大学の現状への危機感を訴えていた。そこには産業界からの要請に翻弄される大学の姿が浮き彫りにされている。

「人間はふたたび人間としての正常な地位を回復することができるのか。現代の最もさし迫ったこの問いに対する答えを準備することができる一つの主要な拠点は、疑いなく大学である。（…）大学は、これからも工業化の進展に貢献しなければならないが、それ以上に大事なのは、人間を中心とした文化をつくる拠点となることである。（…）私たちは、日本の大学を再建する道を探し求めなければならない」[3]

大学の大衆化と都市化のなかの疎外感の進行。セミナーハウスが華やかに時代を象徴する東京オリンピックの翌年に誕生する背景には、このような社会状況が存在していたのである。

セミナーハウスという言葉はこの建物とともにはじめて誕生した造語である。「その時代に当然あるべくしてないものは何なのか、それをみつけること、それが創造だし、その観る力、観察の力が大事だと思う(4)」。文字どおりセミナーハウスの生みの親である飯田宗一郎(一九一〇―二〇〇〇年)はこう語っている。セミナーハウスは新しい建築のあり方を生みだすプログラムの構築過程でもあった。飯田の回想によれば、長く勤めた大学の事務職からの転身の動機は次のようなことだったという。

「私には、戦後、まだ大学設置基準ができていないときから新制大学づくりに参画し、三つの私立大学に勤務した二十年の教育経験があった。そのとき私は五十歳になっていた。人間というものは、五十までは勉強である。「一身にして二生を経る」という福沢諭吉の説に共鳴して、五十をもって第二の人生の出発点とした(5)」

こうして飯田は、白紙の状態からまだ名をもたないセミナーハウスなるものの具体化へひとり動きはじめていく。セミナーハウスのはじめのイメージについては次のように語っている。

「大学が大衆化していく過程のなかで、学生生活がだんだん孤独と寂寥にむしばまれていくように見えてならない。教師と学生との間にもっと開かれた心の交流がなければならないし、何か既成の大学のワクをこえたもの、そんなものの必要がおぼろげながら見えてきたんですね(6)」

一九五九年一月のことである。ここから賛同者を集めるための大学の学長まわり、財団法人化への準備、敷地の選定へとひとり東奔西走していく。そして同年十一月には、早くも日本女子大学学長・上代たの、東京大学総長・茅誠司、早稲田大学総長・大浜信泉ら十人の賛同者によってはじめての会合がもたれ、実現への第一歩が踏みだされたのである。このとき招待状に添付された飯田の趣意書によってセミナーハウスの言葉とイメージが誕生する。そこには次のようにうたわれていた。

「新教育制度の下において大学教育は飛躍的な発展をとげた。この様な急激な発展は一方において学生数の夥しい増加と大学規模の膨張をもたらし、教育殊に人間形成の上に重要な人間関係を稀薄にし、教授と学生の交わりを非常に困難にしている。セミナーハウスはこの様な現状をいくらかでも改善するため、専攻の学問を研究しながら生活経験を共にすることによって、努めて人間的接触の機会をつくろうとするものである(7)」

飯田の頭のなかにはいつも明快なビジョンがあった。敷地選びひとつにしても、セミナーはどうあるべきかを何よりも優先して考え、大学キャンパスのひとつの延長であり、付属として生活をともにする、そのためのちょうどいい距離感をもつことが立地条件だとして、当時都内にあった主要な大学から一時間半くらいで行ける五〇―六〇キロ圏の八王子に土地を見つけたのである。また施設の計画についても、当初は厳しい予算のなかである建設会社に設計を委託したものの、「こちらの考えている理念がすこしも設計に生かされていないわけですよ。交流するとか、もてなしをするとか、先生と一緒に学問するとかいったね(8)」として即座に退けている。

やがてこの飯田の求める高い理念はワーズワースの詩の一節をとってつくられたセミナーハウスの標語「Plain living and high thinking」(生活は簡素に、思想は高潔に)へと結晶していく。そしてこうした前史の後に、吉阪隆正の建築家としての歩みが重ねあわされていったのである。

よく知られるように、吉阪が五〇―五二年の間過ごしたル・コルビュジエのもとから帰国するときに土産として持ち帰り、最初に翻訳したのが『モデュロール』だった。ル・コルビュジエにとってモデュロールがもっていた意味について、吉阪はある文書のなかでこう記している。

「しばしばル・コルビュジエから、「これから建築がはじまるのだ」「これが建築を決めるのだ」という言葉を聞かされた。それはおおむね設計図が一応完成した時に発せられる言葉であった。（…）私の迷霧は（…）少しずつ晴れ（…）「建築」と「建物」との違いがどこに存在するかを少しばかりわかったような気がしてきた。Modulor は師が一生かかって、どうしたら建物が「建築」になるかということを探し続けてきた努力の結果、見出し、つくり出した一つの道具だったのである。建物が確実に「建築」になるためにはまだまだ他の道具が要るに違いない。それを探し出すのは私たちに課せられた任務である」(9)

　近代とは、それ自身の内部にみずからを律していく真理をもちえない決定不能性の時代である。このとき相対主義のニヒリズムに陥ることなく、「建築」を成立させる根拠とは何かを探し求めること、モダニストたちが共通に追求したテーマである作為性をこえた確からしさを支える理論とキーワード発見のル・コルビュジエの解答がモデュロールであったことを吉阪は見抜いている。

　そして吉阪はル・コルビュジエと同じように、みずからも独自のキーワードを見つけていくことの意義を十分認識していた。だからこそ「不連続統一体」という設計理論の手がかりとなる言葉を発見したときに、モデュロールを引いてその喜びを率直に表現したのだ。その概念については同じ文章のなかで次のように定義している。

「それぞれの単位は完結した単位である。原子だったり、分子だったりするように。（…）それは完全に独立した単位でありながら、他の単位と結びつくことで、別の単位となるようなものである。しかもそれは常に結びつき方をかえて、別の単位に変化してゆけるのである。微視的世界から巨視的世界までその組合せは考えられる」(10)

また、吉阪には日常生活にとって原型的なもの、地になるようなものを提示することが建築の大切な機能だとする志向性が早い時期から一貫してみられた。そしてそれは、人工土地というアイデアへとまとめられていく。このアイデアは、ル・コルビュジエが一九一四年、戦災復興住宅のプロトタイプとして概念的に示した「ドミノ」に触発されたものだったのではなかろうか。自邸（一九五五年）や浦邸（一九五六年）の完成後にも、人工土地への思いを吉阪は次のように綴っている。

「私が心から作って見たいのは、その大地である。住むためにすべてが準備されている大地を人工の力でつくりたいのだ。人工土地と私はこれを名付けよう。それは現在の自然の陸地の上にあってもよいし、海の上にあってもよい。そしてあるいは、空中に浮かんでもよい。今のところ、（…）コンクリートが、こうした住むための場をつくる（…）一番扱い易い材料であると感じるのである。誰か私にこんな注文をしてくれる人はないだろうか[11]」

ここには、建築は何よりも人々の生活をその大元のところで支えるインフラストラクチャー的なものであるべきだという信念を読みとることができる。吉阪はそれを「舞台装置」とも呼んでいる。「建築とは、極く簡単にいってしまえば、そこで行われる生活の舞台装置みたいなものだから、何が上演されるかによって、どんな形を必要とするかが決められるわけで、社会とか、家庭とか、今日現在、あるいは明日生きる人達のための舞台装置は、その人達の生活を知らずにはできないわけである[12]」

一方、吉阪にとってコンクリートは、建築することの始原性を感じさせてくれる意味でなくてはならない素材であった。そこには吉阪の建築観がストレートな形で投影されている。残された文章から拾いだしてみると、その粘土のような素朴なありように関心を寄せていたことが読みとれる。

「私はコンクリートが自由にこちらのいいなりになってくれるところが好きだ。(…)昔印度や支那で山の巨岩を掘ってつくった洞窟ほどの重量感だって出せるし、バビロニアやローマの大きなアーチやドームの生み出す広々とした空間だって生み出せる。(…)こんな幅ひろい世界をつくり出すことのできる材料は滅多にないだろう。(…)そしてもう一つよいことは、少しずつつけ加えて長年かかって仕上げてゆくということができることだ。打ち放しコンクリートの肌を見ていると、一見堅い粗い鈍重なようなその中に、実に温かいものを見出す。世の中で散々苦労した人が、それを抜け切って平安な心になった時のようなやさしさが感じられる」[13]

また洗練された美しさのもつ脆弱さとは対極にある骨太な抵抗感を好んでもいる。

「スマートに、綺麗に泳いでいくということが、(…)皮相な感じに私には響く(…)。それはもう爛熟期の降り坂を暗示しているように受けとられ(…)頭もいいし神経もピンピンと反応するが、嵐が来たら第一番に倒されてしまいそうな細いすっとした姿を連想するのである。(…)脂っこい、骨節の強い、自分が正しいと思わなければ誰にも頭を下げないような強情さには惹かれる」[14]

そして圧倒的な存在感に、構築することの原理的な意味を託そうとしている。

「人間の存在しない世界、自然のみの法則の中に人間がつくった反逆、その偉大なものとして、私はダムのコンクリート壁が大好きだ。おまけに、時々は水の好みに合わしてやって放流を許してやるあたり、人情味もこまやかではないか。(…)そのズー体のもつ厚み(…)はひしひしと表面から私の心をゆさぶる。ダムは、なでてかわいがる程度のものではない。そこに居るだけでいいのだ。(…)またダムの上には、今まで自然もよくなし得なかった美しい風景をつくり出してくれている」[15]

これらの言葉からは、吉阪の建築へのまなざしが原理的に追求すること、あたりまえのことをあたりまえに積み重ねていくことを通して形づくられていったことを読みとることができる。それは師である今和次郎ゆずりの精力的なフィールドワークによって培われたものだったのだろう。

そしてセミナーハウスの設計着手の直前、招聘されて六一―六二年に滞在したアルゼンチンのツクマン大学で都市社会学を講義していた吉阪の頭のなかに、有形学の構想がおぼろげな形をとりはじめる。設計開始直後に書きとめられた次の文章のなかに発想の原形をうかがうことができる。

「有形学とは、人間のもろもろの欲望、さまざまな傾向をどうやって具体的な形ある姿に翻訳するか、から出発して、形自身の性格や法則を科学し、そこからいま横暴をきわめている病根を断つ薬を見出そうとするものである。（…）その対象として、小は個人の持ち物、生活空間から、建物、市街、風景や国土全体までをとり上げている。（…）この学問が育つためには、理論の発展とともにやはり現実の中での実験がなくてはならない。（…）日本は美しい風土を有していて、日本人は形に対して敏感な才能を持っている。これを有用に役立たせる有形学をぜひ日本で確立させたい[16]」

いま実際に手がけているセミナーハウスを念頭に入れて書かれたこの言葉に、吉阪のこの建物へ向けた気負いを読みとることができる。興味深いのは、設計の進行とともに吉阪の思考が深化し、有形学の概念が明確になっていることである。建物の完成後の草稿には次のように書かれている。

「私が提案したいのは、これからの世界の中で人間が生きるためには、自然と人間との関係の他に、人間のつくった環境とその中に住む人間との関係について、どうやったら最良で安全で美しい楽しい姿が得られるのか、その指針はどうやって求めたらよいのかについて、本格的に研究することである。形をもつ世界であり、その形を人間自身がつくる世界であり、その形のもつ力と人間との関係を調べるのであるから、これを有形学と仮に呼んで見たのである[17]」

こうして六二年十一月、一時は設計候補者としてすでに世界的な名声を得ていた丹下健三の名もあがったが、セミナーハウス設立の初心であるリベラルな発想を大切にしようと飯田は企画委員のひとり大浜早大総長に意見を求め、その推薦によって吉阪が設計委託を受けることになる。

吉阪が依頼された設計条件は、「予算は土地代その他も含めて約三億円で、規模は二百人くらい入れて約千坪内外[18]」ということだけだった。有形学を実践に移せるこの絶好の機会に吉阪は興奮したのだろう、後年そのときのことを次のように回想している。

「人々が団結するキッカケとなるものは何か。（…）どういう形をつくっていけばいいのかと考えると、実はこれがたいへんむずかしい。（…）ですから、このお話があった時、たいへん面白いと思った。まだ茫漠としていて形を成していないだけに、これをどうやって形にまとめるか、たいへん面白い。これはぜひやりたい[19]」

記録によれば、最初に始められたのは、当時大学院生だった戸沼幸市による、セミナー活動を人の集合として建築的な量に置きかえていく作業だった。

「人々の集合レベルを一人、二人、五人、一〇—一五人、二〇—三〇人、五〇人、二〇〇人と区分し、それぞれに建築の集合レベルを想定した。二〇〇人集合は本館大食堂に、五〇人集合は中央セミナー館に対応させたが、一人から二〇—三〇人の人数集合は建築に直訳というわけにはゆかなかった[20]」

結局このモデュロールのような基本単位を抽出する作業を通じて、ふたり一ユニット×百棟＝二百人とし、これを敷地の関係から七群（当初は八群）に分けて一群（九—十七戸）に対して小セミナ

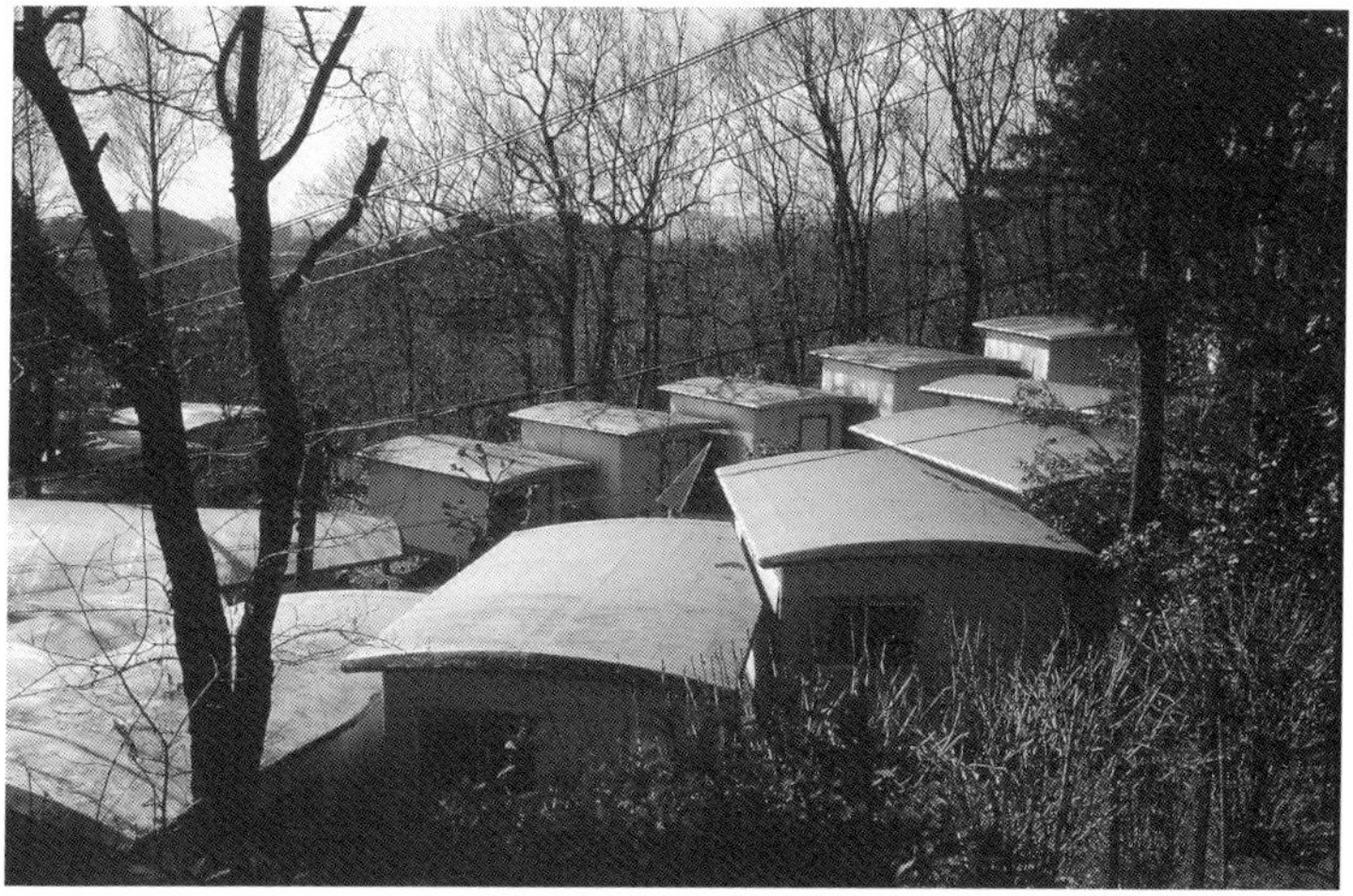

木造プレファブの宿泊ユニット群

ー室（十五―二十人）、中セミナー室（二十―三十人）を付設し、各群がセミナー室を中心にまとまり感をもてるようにする人の動きを考慮した全体のプログラムが決まったのである。そして次に、本館を含めて敷地に具体的に建物をどう配置していくのか、ブロックプランの検討に移っていった。六三年四月の基本設計時点では峠の尾根筋を避けて残し、谷合いに本館とセミナー棟を振り分けた谷間案が考えられていたが、吉阪の「宿舎は中央尾根筋にばらまくべし」とのサジェッションによって等高線に合わせて傾斜面になじむような現在の案に落ち着いていった。[21]

宿泊ユニットについては、大竹十一によってディテールまで詳細にわたって設計が進められた。当時はプレファブ量産システムもほとんどなく、手探りの形で考案されている。結局それ自体自立でき、扇形の配置計画にもうまく対応する合理的な形態のL型のパネルユニットによる構成方法が案出された。室内の配置計画のたくさんのスタデ

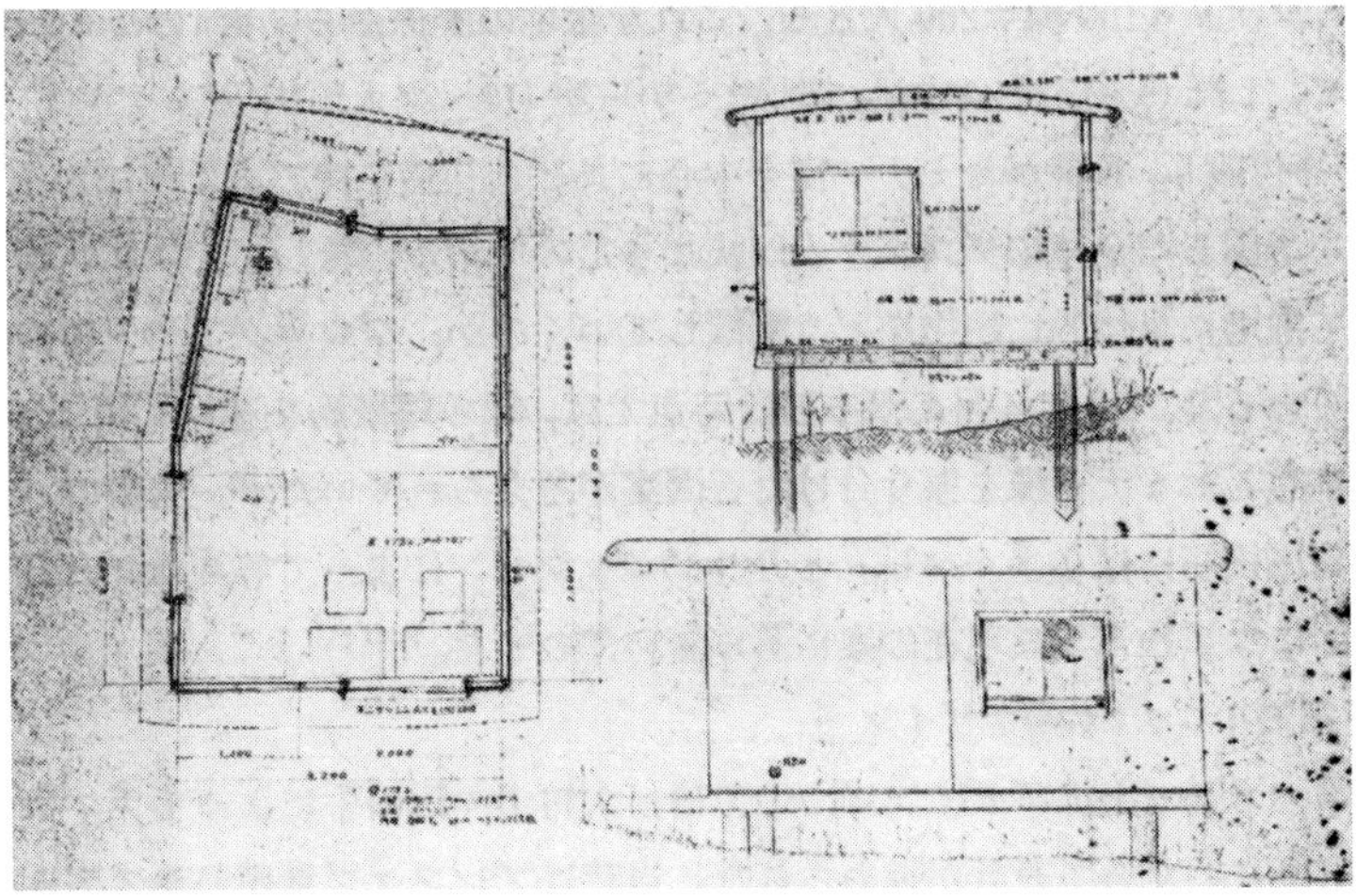

リブコンスラブに載る宿泊ユニット。L型パネルの組み合わせによる室内構成

ィ図が残されているが、それらを見ると何よりもL型のコーナーに玄関コーナー・学習コーナー・ベッドコーナーなどの領域感あるほどよいスケールのスペースに分節する単位の役割をもたせようと意図されていたことが読みとれる。さらに、そこではL型の入隅コーナーがもつ露の宿る意味を平面計画の根本にとらえて、狭い室内でも利用者が自分の領域を自然に感じられるように考えられていたのだと思う。吉阪も次のように書き記している。「L字型の壁エレメントを考えたのは、それ自体自立するということもあるが、角の丸味によって囲われている感じを強めたかったからでもある[22]」と。また、一見不思議な形状に見えるサッシュまわりのディテールも、じつは当時出たばかりの見込み五五ミリという薄いアルミサッシュをどう固定するのかを検討するなかで、予算的にも大きな断面の木枠部材が使えず、とかく貧相になりがちな窓まわりの表情を少しでもふっくらと見せようと苦心して編みだされた合理的な形状であ

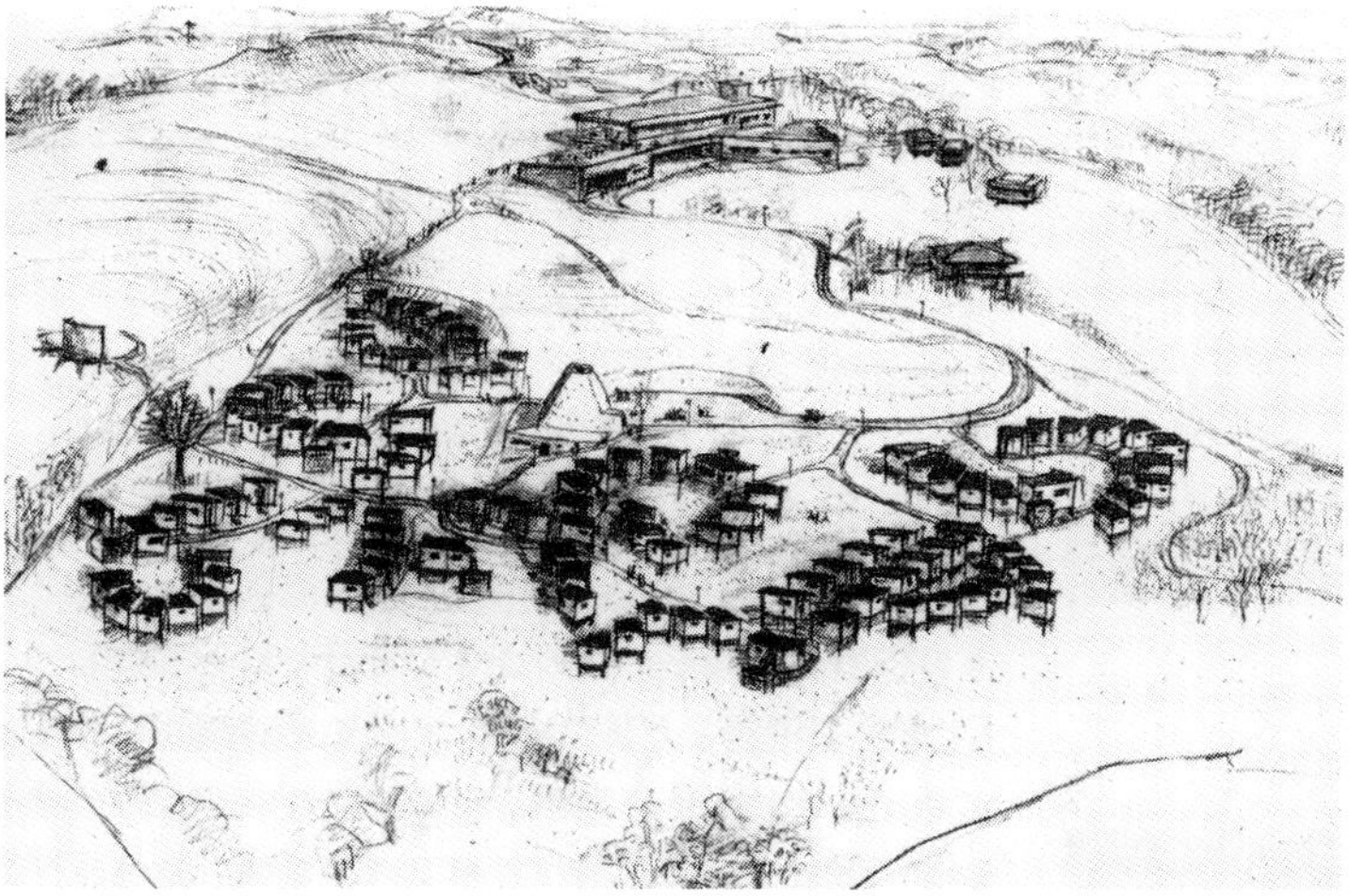

大学セミナーハウス全体透視図（1963年8月）

ることがわかってくる。そして敷地の形状を壊すことなくユニット群が有機的に結びつく構成となるように考案されたのが、リブコンスラブによる人工土地だった。構造担当の田中弥寿雄のメモによれば「宿泊ユニットは、不規則な傾斜した地盤に多数のものを建設する必要から経済性を考慮して、その脚には既製の鉄筋コンクリート杭を用い、スラブはリブコン構造とした。杭は地上部分の高さに応じて打ち込み、（…）十分にその安全性を考慮して施工を行なっている。上部構造はプレハブ化した木造で軽量なものであるから、十分の強度を期待してよい[23]」とされている。

この宿泊ユニット群の配置計画については、残された図面の日付を読んでいくと延々とスタディが繰り返されていたことがわかる。六三年八月時点でおおかたの方向性が定まったものの、敷地の等高線を読みこみながら戸沼の手で細かい修正が続けられ、いまある配置に決定されたのは、大竹のサインのある図面によると現場がすでに始まっ

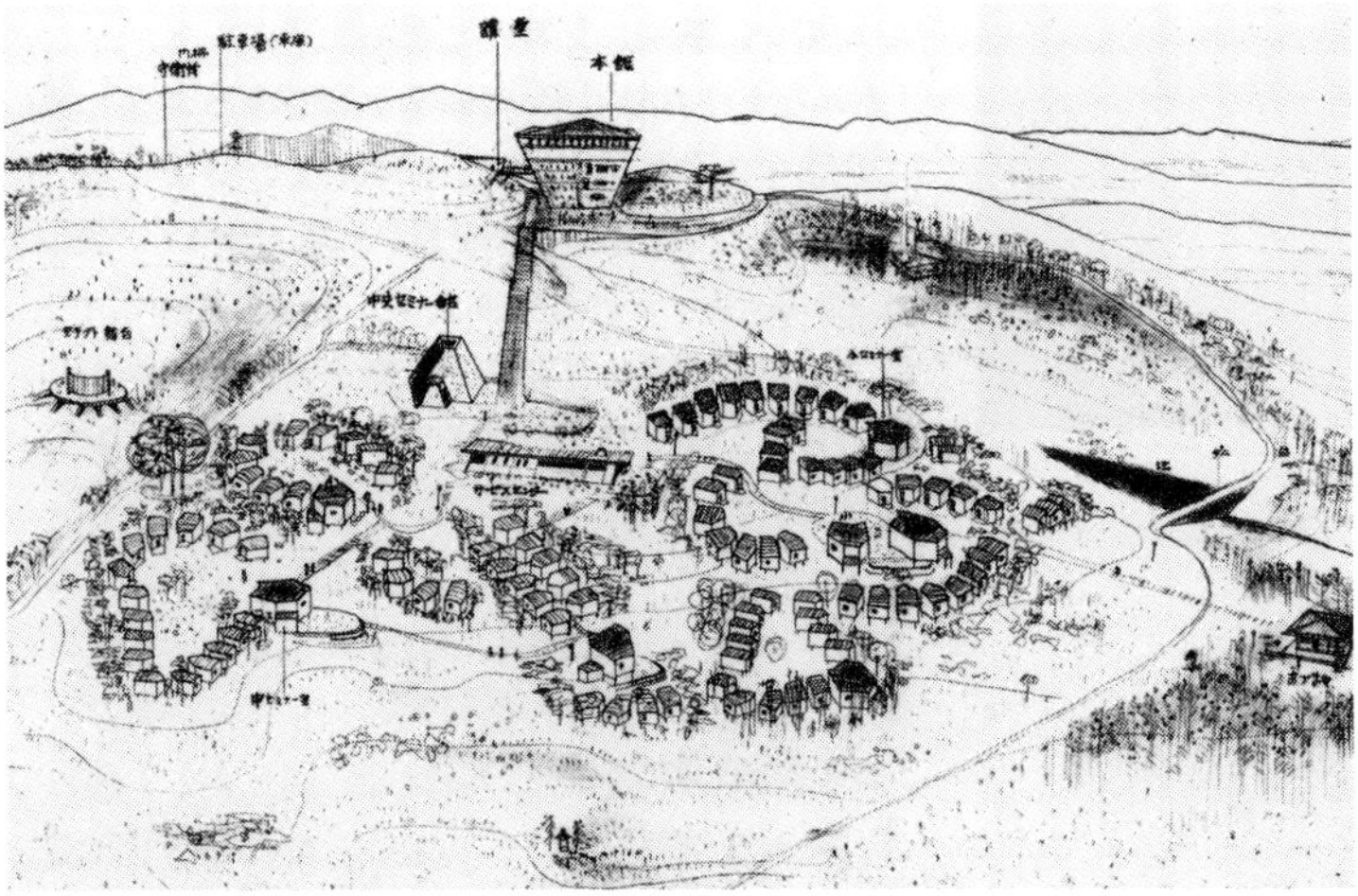

大学セミナーハウス全体透視図（1963年11月）

ていた六四年七月のことだった。

そして最後まで決まらなかったのは本館の形状とユニット群との関係である。六三年八月の時点では、ユニット群の配置や中央セミナー館のピラミッドの形状はほぼ完成したものに近い状態になっているのに対して、本館は平べったい形状を組み合わせた座りの悪いものにとどまっている。その後十月はじめに突然、力強い本館の形状があらわれる。松崎義徳の記録によれば、締め切りも押し迫ったある日、ボール紙でつくられた逆ピラミッドが敷地模型の上にぽつんと置かれていたという。

「それがある日、滝沢（健児）氏がヒョイと逆さにした模型を見て、他の者も、「大学セミナー・ハウス」のすべてを、理念も、哲学もそして要求機能をも満足しそうだと一瞬に感じたのである」[24]

大竹の話では本館は一階が入口ホールと受付事務、二階が館長室と会議室、その上が二百人収容の大食堂という内容に絞りこめていたので、下に狭く上に広い逆ピラミッドの形はたしかに理にかなっていた。けれども、具体的にその形が出てくるまでは誰もそうした形を発想することすらできなかった。だからみんなで模型を囲み、車座になって途方にくれていたなかで、はじめてその形が示されたとき、すぐにこれだと合点したのではなく、むしろキョトンとしていて、少し後になってからじわりとこれしかないという気持ちがやってきた。そこには持続されていた共同作業のなかで、たんに誰それが思いついたという日常レベルのやりとりの状態をこえて、まったく別次元の創造行為の頂に立ったような独特の感慨があったのだという。

また、人の集まる場所はさえぎるもののない部屋であってほしいから本館の内部空間はひとつにしたいという吉阪の意図を受け、柱梁構造をやめてシェルスラブを採用し、コンクリートの造形による大地に楔を打ち込んだような力強い姿が実現されたのである。

そして本館の形状の決定と同時に、宿泊ユニット群とのあいだを結ぶ尾根越えの太い軸線が迷うことなく引かれ、全体に緊張感の漂う統一された雰囲気が生まれたのである。残されているふたつの透視図が、その間のまさにコルビュジエのいう「建築」が誕生した瞬間の意味を伝えている。

こうして完成したセミナーハウスは、吉阪が希求した人工土地とコンクリートの造形によって骨格が形づくられ、人の集まりをテーマとした有形学のアプローチによってできあがった、個別の単位の積みあげと組み合わせによる不連続統一体そのものとなっていることがわかる。

六五年に本館や宿泊セミナー棟、中央セミナー館、サービスセンターなどの基幹部分が竣工してからも、六七年の講堂兼体育館、図書館、六八年の教師館、七〇年の長期セミナー館、大セミナー館、七五年の大学院セミナー館、遠来荘（茅葺民家の移築）、七八年の交友館、国際セミナー館、そして（吉阪亡き後の）八九年の開館二十周年記念館にいたるまで、セミナーハウスはそのつど必要に応じた整備を続け、施設規模も当初の二倍以上になっている。そこには使いつづけてこられた歴史の蓄積だけが熟成させることのできる、集落のようなひとつの完成された風景が実現している。

その一方で、時代も目まぐるしく動いてきた。六〇年代後半には、あたかもセミナーハウスがそうした時代の流れを予告したかのように大学のあり方をめぐっての鋭い問いかけが広範に提起された全共闘運動が始まり、吉阪自身も早大の理工学部長としてその渦中に入っていく。

また宅地開発の波は周囲ののどかな農村風景を一変させ、七一年から入居が始まった多摩ニュータウンの造成はそれに拍車をかけていく。そして飯田の意図をはるかにこえて、大学そのものも郊外へと次々に転出を始め、八王子はいまや大学の町に変貌した。竣工当時、来訪したドイツ人の学長夫妻が「オトギの国のお城のよう」と評したというモダンで小ぎれいな印象は、高度経済成長後に生まれた若い世代にはもはやリアリティのないものに映っているのかもしれない。そこには時代と遭遇した建築だけが宿命のようにもちうる定点観測点としての意味が時の移り変わりをあざやかに映しだしていて、変わるものと変わらないものとの対照は際立っている。

吉阪の夢想した始原的な建築がもつ心地よさが時代や世代をこえて通じるかぎり、セミナーハウスはつくることの原点に立ち返らせてくれる存在でありつづけるだろう。同時に、彼が開かれた方法論として残した「有形学」を現在の課題として展開させることが要請されているのだと思う。

晩年の吉阪は工業化社会の行く末に危惧を抱き、次のような言葉を残している。

「工業化の浸透した世の中は、すべてが計画的であるようでいて、実はあまり透明な世界ではないらしい。すべてが泥くさかったころのほうがよほど見透しが効いたのではないだろうか」(25)

また有形学の限界を感じはじめていたのか、病院に見舞った戸沼の証言によると、「亡くなられる三日ほど前、有形学を皆で深めようと話し合っていますよと、病院で申し上げますと、ひょっといたずらっぽい感じで「今良いのを思いついている。〝無形学〟なんだ。五、六年かけてやります」と言った」という[26]。ここには最後までみずからの思想を批判的に乗りこえながら、建築を原理的につかもうとした吉阪の建築哲学の新たな局面への展開と飛躍が意図されていたように思う。

「ある立派な解答は、その時代の問題を正しく摑んで設定し、それを究明したことから得られたものである」[27]。セミナーハウスの完成後、そのプロセスを顧みて書きとめたと思われるこの言葉に、吉阪の自負と変わらぬ建築への道程に向けた確信が込められている。

戦没学徒記念若人の広場　丹下健三の知られざる建築

瀬戸内海に浮かぶ兵庫県淡路島、その最南端に位置する南あわじ市に、丹下健三（一九一三―二〇〇五年）の設計によって一九六七年に竣工した戦没学徒記念若人の広場[1]と呼ばれる建物がひっそりと建っている。さまざまな事情からすでに長い年月にわたって放置され、なかば廃墟と化したその姿には痛々しいものがあった。またこの建物は竣工時点では建築雑誌などには掲載されず、知られざる丹下作品として長いあいだ歴史のなかに埋もれていた。敷地は福良湾を見下ろす大見山の山頂にあり、眼下には南西に鳴門海峡をまたいで四国徳島へと渡る大鳴門橋も遠望できる雄大なパノラマが広がる場所だ。建物はその切り立った狭い尾根筋に沿って細長く帯状に配置され、手前には外壁を石垣で覆い、屋上全体を広場にした資料展示室や会議室、喫茶室などからなる展示棟がある。そしてその展示棟から尾根筋の北西方向へとむかって、両側を石垣にはさまれた参道のような細いアプローチが起伏のある台地をそのまま切り裂くようにまっすぐと伸び、その先端部分に高さ二五メートルの記念塔が屹立する。

戦没学徒記念若人の広場。現在は南あわじ市営「若人の広場公園」

展示室屋上。中央奥に居霊塔

現地を訪れると、一段低いところにある駐車場から急な階段とスロープをジグザグに登った先に、城址跡のような寡黙な表情の石垣があらわれる。その脇を左に迂回するようにさらに進むと、鉄筋コンクリート製のＨＰシェル構造の記念塔が見えはじめ、さらに登ると一気に視界が開けて、海と緑に対峙する建物の全体構成が体感される。また、手前にいくほど大きな部屋をとることによって、展示棟の屋上の広場自体が隆起するかのように雛段状に斜めに迫りあがり、遠くの記念塔と向きあう象徴的な風景もつくりだされている。そして建物の姿は遠く麓の福良港からも認めることができ、湾の前方に見える大見山の山頂に、山城のような水平の石垣のラインと鋭角的にそびえ立つ記念塔がシルエットのように浮かぶ。

一方、建物の内部は、石垣の上にヴォールト状に架け渡されたコンクリート打ち放しの荒々しい天井がリズムを刻み、その下に段差のある展示室が広がり、暗さと明るさが交錯する洞窟のような

展示室内部

空間が続く。しかし、それがたんなる土着的な造形に見えないのは、ヴォールト天井が石垣内部の鉄筋コンクリートの柱から金属製の台座によってピン接合されて、わずかに浮かせて表現されている緊張感からなのだろう。それは近代建築が獲得したテクノロジーの力を表示する徴《イコン》のようにも見える。

　こうして室内の床面積こそ二〇〇〇平方メートルほどの小規模なものにすぎないものの、全長が二〇〇メートルにおよぶひとつの環境造形とでも呼べるこの建築は、いまでも微動だにしない圧倒的な人工物として迫ってくる。と同時に、性急な解釈を拒絶するような厳しい表情をあわせもつ。それはこの建物が戦争を記憶するための施設であり、そこに丹下健三の求めた記念碑的造形のきわめて純粋な形で実現された姿が重なっているからではないだろうか。

　この建物は、もともとは一九五九年、「動員学徒戦傷病者及び動員学徒戦没者遺族等に対し必要な援護を行い、もってその福祉を図ることを目的とする」ために設立された財団法人動員学徒援護会によって計画が進められ、建設された。ちなみに設立時のおもな役員をみるといずれも自民党の衆議院議員で、会長・大橋武夫（一九〇四―八一年）、理事長・松野頼三（一九一七―二〇〇六年）、そして建設資金等を集めるための募金委員会の委員長は時の内閣総理大臣・岸信介（一八九六―一九八七年）である。松野は元海軍士官であり、岸はA級戦犯容疑者として逮捕され、公職追放を受けた経歴をもつ。その意味で動員学徒援護会は設立時点から戦争の影を引きずり、政治的な偏りをもつとみなされても仕方がない団体だった。[2] しかし、この建物の建設の中心的な役割を担ったのは、そうした政治色とは無縁だったと思われる宮原周治というひとりの元動員学徒である。

資料によれば、宮原は戦時中の熊本中学在学中に軍需工場へ動員され、その際に受けた空襲で両手を失っている。その体験から戦後は上京して動員学徒の救済援助活動に従事し、不自由な体にもかかわらず、この建物の建設資金を集めるために全国を行脚して歩いたのだという。[3] また、彼の名前は一九六〇年、動員学徒の手記をまとめて動員学徒援護会から発行された『あしあと』の奥付に「編集者」として記載されている。そこから判断すれば、財団設立の時点でその職員となっていたと思われる。宮原の思いは、本の巻頭に記された次の記述からもうかがい知ることができる。

「学徒動員数　三、一〇六、〇〇〇名（昭和二〇年三月現在）
学徒犠牲者数　五〇、〇〇〇～六〇、〇〇〇名
死亡　約四万～五万／傷病　約一万～二万
いずれもこれは推定数である。何故なら終戦時に於ける混乱により関係書類が焼却され、又、戦

後十余年の間殆んど学徒問題が省みられなかったので、実際確実数として把握されているのは一万七・八千名に過ぎない。いずれにしろ犠牲者の数が動員総数の一パーセント以下であるという事はあり得ないであろう」[4]

宮原の心にあったのは、みずからと同じく戦争の激化に伴って学園から強制的に軍需工場や建物疎開などへと動員され、無念にも命を落とした若い学徒たちを追悼し、その生を記憶するための施設をつくろうという、生き残った者としての使命感だったにちがいない。この建物には後にその範囲が拡大されて、いわゆる学徒出陣として戦場に駆り出されて戦死した学徒兵の遺品類も収蔵されていく。けれども当初は戦後ほとんど顧られることのなかった勤労動員学徒を追悼する施設の実現が目的とされていたのだと思う。勤労動員学徒については、宮原の言葉にもあるように現在においてもいまだに正確な全体像の検証は果たされていない[5]。

一九四一年十二月八日に始まった太平洋戦争は、必然的に総力戦の様相を激化させ、すべての国民を戦時体制に動員することへとつながっていく。そしてその最終局面を迎えつつあった一九四四年三月には「決戦非常措置要綱に基く学徒動員実施要綱」が閣議決定され、ついに国民学校高等科、および中等学校以上の学徒の通年の動員が定められ、教職員による率先指導と勤労管理までが強制されていく。当然のことながら、学徒たちの動員された先はそのほとんどが空襲の標的にされる軍需工場であり、結果的に多くの犠牲者を出している。たとえば愛知県にあった豊川海軍工廠の従業員約五万六千六百名中、六千名が動員学徒であり、空爆によってこの工場だけで四百五十二名もの学徒が亡くなったという[6]。そして一九四五年八月十五日の敗戦を動員先で迎えた動員学徒の総数は三百四十万人をこえたといわれている[7]。宮原は、こうした無名の戦没動員学徒たちの歴史をなんと

国立屋内総合競技場

か形に変えて戦後の若い世代へ伝えたいと願ったのである。

宮原が設計を依頼するために、丹下健三を東京渋谷の道玄坂上にあった事務所に訪ねたのは一九六二年八月のことだった。(8) なぜ丹下だったのか。詳しい経緯はわからない。当時の丹下は建築家としての全盛期にあり、日本の建築界の最前線を走る存在だった。(9) 前年の一九六一年に戸塚カントリークラブ・クラブハウスが、この年の四月には日南文化センターが竣工して、香川県庁舎（一九五八年）とは異なるコンクリート造形表現の新たな展開が始まろうとしていた。さらに五月には東京カテドラル聖マリア聖堂の指名コンペにも当選する。そして目の前では、二年後に開催が迫った一九六四年の東京オリンピックのメイン会場となる国立屋内総合競技場の実施設計作業が佳境を迎えていた。しかし、そうした華々しい活躍だけではなく、宮原は別のまなざしで丹下の仕事を見ていたのだと思う。これは推測にすぎないが、宮原は

広島平和記念資料館本館

一九五五年に遅れていた建設工事がほぼ完成し、ようやくその全貌が姿をあらわした一連の建築群と平和記念公園からなる丹下のはじめて実現した建物である広島ピースセンターに感銘を受けて、戦没学徒を追悼する施設の設計者として丹下を求めたのではないだろうか。一九六〇年八月六日、その広島ピースセンターで開かれた原爆記念祭にふれた次のような丹下の文章がある。宮原もあるいは読んでいたのかもしれない。

「平和ということばも、いま、微妙なニュアンスにつつまれている。東と西でいう平和の意味にも大きな隔たりがある。そうして原子力エネルギーで武装された東と西の政治勢力の均衡だけが平和の条件であるかのように理解されている。そういうときに、広島の慰霊碑の前にたって、平和を祈念するということは、いかにも力のないものと、見えるかもしれない。しかし私は、そうは思わない。

二十世紀後半の世界像は原子エネルギーの解放

によって決定づけられたとみることができるだろう。しかしそれだけではない。この解放が誘発した人間生存の自覚の解放を考えなければ、理解できない。技術的エネルギーが益々強大なものになればなるほど、人間のもっとも本源的な生きる意識が益々強く自覚される、という技術と人間とのあいだの均衡関係が、今後の世界像を決定してゆくのである。(…)平和は、たとえ政治的な力と力の均衡が破れたとしても、この技術と人間との均衡が破れないかぎりたもたれる。この均衡のささえになっているのは広島の記憶であり、実感である。この実感が忘れられるとき、この均衡は破れる。広島が経験した人類最大の不幸な経験は、つねに新たにしてゆかなければならない。広島原爆記念祭は二十世紀後半の文明史を決定するほどの重要な意味をもっている[10]」

このように記す丹下の建築に、宮原は戦没学徒の追悼施設の将来を重ねようとしていたのだろう。そして丹下自身もまたそうした宮原の思いを受けとめる個人的な悲しい体験をもっていた。少し後年だが、やはり広島にふれた次のような文章が残されている。

「例の八月六日の直後、私は父危篤のしらせを郷里の今治からうけ、帰郷の途中で、広島に何か異様な爆弾が落ちたとのうわさを聞いた。実家についてみると焼イ弾の洗礼をうけて、コンクリートの倉が一つ焼け跡に建っているだけであった。近郷の親類を訪ねて、父は病死、母は爆死と知らされた。

戦災復興院から委託され、再建計画を研究するため広島を訪れたとき、ツンと鼻をつくような焦土の無残な姿が、両親の死とオーバーラップし、増幅されて私の胸をついた。この体験が平和記念施設のイメージをつくりあげた。

平和公園とそこに建つ平和記念諸施設の計画の一つの趣旨は、被爆した旧商工陳列館の焼けただれた鉄骨ドームをそのままの姿で保存し、また原爆の悲惨な資料を陳列する記念館をつくり、世界の人々に、原爆への怒りと、平和へのねがいを目ざめさせようとしたものであった。
そしてその建築表現は、廃墟から立上がる人間の力強さを示すかのように、原爆資料館はピロッティで高々と支えられている[11]」

立場こそ違え、丹下もまた戦争による空襲で母を失い、建築の造形を通して平和への願いを実現させようと強く望んでいたのである。

こうして丹下と宮原とのあいだには戦争と平和への思いを共有する信頼関係が生まれ、その下で設計作業も順調にスタートしたのだろう。しかし、そこには思いもかけない事態が待ち受けていた。一九六二年八月、宮原が設計依頼に訪れた際の様子とその後の顛末については、当時の丹下事務所の所長を務めていた神谷宏治があるインタビューのなかで次のように証言している。

「動員学徒援護会という組織があって、九州出身の宮原周治という方がプロジェクトの推進者であり、渉外的な役割もしていた。この方を通して計画が進んでいった。

ところが、どういう政治的な背景をもって動員学徒援護会が組織されているのか、ということについて、丹下さんは引き受ける時に何も知らなかったというか、僕も何も知らない。だけど宮原さんという人は、学徒動員された工場で怪我して、不自由な身体をおして、非常に誠実で一生懸命やってるなあということで、僕も協力的にやってきました。

ところが竣工式直前に「ほぼ出来上がりつつあるから、一度視察団を組むので参加しないか」という話が宮原さんからあって、もちろん行きました。一泊二日だったと思うんですが、まず行ってみたらびっくりしたのは岸信介が出てきた訳。（…）別にその時はそれ程重大な問題とは考えていませんでした。それからしばらくして竣工式が近付いてきて、宮原さんが来て言うには、竣工式には海上自衛隊の船が沖合いに並んで、空には航空自衛隊の飛行機が飛んで、というような勇ましい話になっちゃって。ちょっと待ってくださいと。そんなこととは全然知らなかったと。それで宮原さんと別れた後、丹下さんに「実はこういうことだ」と。丹下さんは真っ青になっちゃって、「それは知らなかった」という訳で、とにかく竣工式は欠席しちゃおうと。

それで、これはもう作品としては発表しないと。というのは丹下さんは、六〇年の安保改定の時に岸信介に猛反対で、新聞に論文を書いているんですよね。自己矛盾もいいところなんですよ。だから聞いた途端に丹下さんは、「ああ、もう止めだ」と。僕も、「もう止めましょう」と」(12)

丹下と神谷がとまどったのも無理はない。平和のためにと願って設計を進めていた建物が、知らないところで大きな政治的文脈のなかへと巻きこまれていたからである。また、神谷の証言どおり、一九六〇年の日米安全保障条約改定をめぐる騒然とした安保闘争のなか、当時四十六歳の東京大学助教授だった丹下は新聞の連載記事に「民主的広場を」と題する文章を記していた。

「日本の都市や建築には民主的伝統が全くない。もし、その伝統をもっていたら、そうしてまた、議事堂や官邸が、あけっぱなしに、広場に面していたら、もっと明朗なデモが行われたであろうし、岸さんが今ごろまで居すわっていたり、政権のヤミ取り引きが世の中をうっとうしくしている、というようなことはなくてすんだにちがいない。

専制国家の象徴でもあるかのような日本の議事堂の建築は、共同墓碑にでもするがよい。そして都市計画も、市民に広場を与えるぐらいの民主的なものであって欲しい」(13)

ここには丹下の「民主的伝統」をつくりだすことのできる「広場」への思いが読みとれる。そしてこの文章は、彼自身の具体的な行動を伴った発言でもあった。やはり丹下のもとにいた神谷の次のような証言が残されている。

「安保問題がありましたでしょう。丹下さん、ある日突然、街頭デモをしようじゃないかと言い出してね、本郷から皇居の前まで隊列組んで歩いたことがあるんですよ。丹下さんと腕組んでたんですが、彼、ぶるぶる震えているわけ。それで、ぼくはいっぺんで好きになっちゃった。ああいう行動に出なかったら、ぼくはあの人の一面をわからなかった。あのときのからだの震えと仕事にかける気迫――。彼は絶えず何かに対して戦慄をおぼえながら挑戦していたんでしょう(14)」

こうして、この建物が竣工時点で建築雑誌などにいっさい発表されなかったわけが理解できる。けれどもそれは、この建物に込めようとした思いが政治的な力によって一方的に捻じ曲げられた外在的な原因によるものであり、丹下らの真意ではなかった。というのも建物の竣工から八年後、丹下は一九七四年に東京大学を停年退職したことを機に、その記念として翌年の一九七五年にまとめられた作品集『建築と都市』に「戦没学徒を記念する広場」という名称で四ページにわたって大きく発表したからである。掲載された写真は建設工事の施工を担当した大林組の撮影によるもので、そこには竣工したばかりの建物が引き渡し直前の目新しい姿で記録されている。こうして竣工以降、それまでに出版されたどの作品集(15)にも掲載されることのなかったこの建物が、はじめて丹下自身によって公にされたのである。

この竣工から年月を置いた作品発表には、丹下自身のこの建物に対する強い思いが込められていたにちがいない。というのも作品集の発行時点では、プロジェクトの統括責任者であった神谷だけでなく担当者の吉岡と奥保もすでに事務所を退所していたからである。そして同じ紙面には、そうした経緯と本の構成から推察するかぎり、おそらく丹下自身の執筆によると思われる解説文も掲載されている。丹下の設計思想を知るための貴重な手がかりとして、その全文を引用しておきたい。

「太平洋戦争末期、学徒動員令によって全国の工場に出動した学生は約三一〇万、空襲や災害によってこのうち約八万人が死傷した。

大半が当時の中学生、高校生で、十八〔ママ〕歳から二〇歳までの青少年であった。

一九六二年八月十五日の終戦記念日にあたって、学徒の若い生命を記念する広場をつくりたいという希望が、そこかしこから生まれてきた。

淡路島の南端、兵庫県南淡町の大見山付近の約二九ヘクタールの地を選ぶこととなった。ここは鳴門海峡に面した美しい景観にめぐまれている。

動員学徒援護会が主体となり、厚生省、兵庫県の協力を得て、その建設が進められることになった。ここでは戦没学徒の慰霊祭が行われるばかりでなく、学生文化会議、平和大会などが行われることが意図されている。

高さ二五メートルの記念塔を中心に、展示室、集会室、食堂などをそなえ、その屋上が広場になっている。そこは塔の前庭であり、塔へのアプローチにもなっている。塔の基部では、たえることのない灯がもえつづけている。また、この塔は瀬戸内海の遠く離れたところからも望まれることともなるだろう(16)」

文中の十八歳はおそらく誤植で、十三歳の間違いだと思われるが(17)、この文章からは丹下の設計思想を読みとることができる。宮原の思いと同じく、丹下にとってもこの建物は軍需工場などへと動員された勤労動員学徒を追悼する施設として設定されていた。また、そこでは慰霊祭という追悼行為だけではなく、学生文化会議や平和大会など積極的な平和活動がおこなわれることが想定されていたのである。そうした意味を込めて、「広場」という言葉が何度も用いられているにちがいない。そしてこの文面自体が竣工前に書かれたような時制になっている。丹下は時計の針を元に巻き戻すかたちで、みずからがこの建物に託そうとした初心を、引き渡し前の無垢な姿を写し取った竣工写真と、その時点での考えを書きとめた文章を通して記録にとどめておこうとしたのだと思う。

さて、こうしてみてくると、この戦没学徒記念若人の広場は、明らかに丹下健三にとって広島ピースセンターと対になるような位置関係の建築であることがわかる。しかし、そこにはある大きな難題が横たわっている。それは、この戦後の建物が広島ピースセンターと同じく丹下が太平洋戦争下に提出し、いずれも一等を獲得したあまりにも有名なふたつのプロジェクト案を想起させるからだ。建築学会が主催したアイデアコンペの大東亜建設記念営造計画（一九四二年）と、タイに計画され、実施を前提とする戦前最後のコンペとなった在盤谷《バンコク》日本文化会館（一九四三年）である。当時の丹下は、前川國男の事務所から東京大学大学院へ戻ったばかりの、二十八歳から三十歳という若さの学生にすぎなかったが、ふたつの当選案は戦後、建築界における戦争を賛美する行為の象徴だとして繰り返し批判された。けれども、戦後のものとはいえ一九五三年におこなわれたある座談会における次のような丹下の発言からは、まったく別次元の意味が見えてくる。

「（一九三八年に大学を）卒業した頃、日本にできる新建築にはやり切れない感じでした。近代建築にはもっと真実と感動がある筈だと思っていたのに、それが全く感じられないのです。人が中央郵

上・大東亜建設記念営造計画・丹下案。
下・在盤谷日本文化会館・丹下案

便局や逓信病院を語っているとき、僕はミケランジェロやギリシャの建築に、またローマのフォラムの配置に魅力を感じていたのです。だんだん京都や奈良や伊勢が、白いタイルからは決して感じられないような感動を与えてくれるようになりました。素直な木組や、そこを流れる力の動きや、さらに環境を作り出すうまさに衛生陶器よりは更に真実なものが感じられました。

当時、建築学会の座談会で僕たち若輩も白タイル派の大先輩の間によばれたことがありました。話が歌舞伎座や軍人会館のことになったのですが、実は、白タイルと歌舞伎座とには根本的な違いはあるでしょうが、真実さの稀薄の点では同じようなものと考えていたものですから、「君たち、このような建築をどう思うかね」と聞かれて、「さあ、よくわかりません」と言ってしまったのです。それ以来あいつは危険だとにらまれてしまいました。

そのすぐあと、大東亜会館の計画案を出したのです。ハニワ風のコンクリートの版構造でした。僕は、審査員の方々からは大目玉を覚悟していたのです。ところがどういうことか白タイル派の方々も全員でその案を推して下さったというので、僕の方が驚いてしまったのです。

その翌年は日泰文化会館の競技設計でした。木造という条件と暑い国ですから、僕たちは庇の深い勾配屋根のものを作りました。ところが今度は応募者の殆んど全員が日本風のものを出品していました。

僕はこのことに対して浜口ほどにはザンゲもしないし、悪業だったとも思ってはいません。

当時新建築は白タイルのハリボテから一歩本物になろうとしている時期だったのです。それに加えて日本にとって技術の国際的な交流が失われたのです。僕自身についていえば、日本の建築から何か本物をスタディすることができたように思っています[18]」

文中にある「中央郵便局」とは吉田鉄郎の東京中央郵便局（一九三一年）、「逓信病院」とは山田守の東京逓信病院（一九三七年）のことである。いずれの建物も外壁に白いタイルが張られていたことから、丹下は「白タイル派」と呼んだ。また「大東亜会館」は大東亜建設記念営造計画を、「日泰文化会館」は在盤谷日本文化会館のことを指している。そして浜口の「ザンゲ」とは、大学時代の同級生だった建築評論家の浜口隆一が戦後の一九四七年に出版した『ヒューマニズムの建築――日本近代建築の反省と展望』における次のような記述のことだと思われる。

「戦争の進展につれて日本の国家主義は非常な勢いで高まっていった。そして建築の分野においてもそれの影響をうけ、二つの機運として現れてきたのである。一つは「日本的建築様式」の問題であり、もう一つは記念建築《モニュメント》に対する積極的な機運である。この二つの問題は日本における近代建築の進展にとっていわば仕掛けられたダイナマイトのようなものであった。それらによって近代建築の進展は深刻な決定的な打撃を受けることとなったのである。（…）端緒における日本軍の好調子は輝かしい戦果をつづけ、次第に東亜の全域にわたる広大な地域が占領され、早くも人々に戦勝後の未曾有の発展膨張を予想させもした。それは日本の建築家たちにとっても無数の素晴らしい「大仕事」が待ち受けていることだったのである。そのもっとも重大なものは記念建築《モニュメント》である。（…）それは建築家としての職業的な意欲と名誉心をいやが上にもあおりたてるものであった。かくて日本の建築界を記念建築《モニュメント》への機運――つまりモニュメンタリズム――が風靡した」(19)

ここで注目したいのは、丹下のみずからの方法に対する一貫した態度と自信である。そこには、浜口のように近代建築を信奉する建築家たちが戦時下において一度は否定したはずのモニュメンタルな造形をこぞって求めてしまったことを「反省」し、「ザンゲ」しようとする戦後的な視線からの論調とはまったく相容れない強い確信がうかがえる。丹下が求めていたのは、何よりも「真実と感動」をもった近代建築の実現だった。そしてその願望は、同時代に氾濫していた軍人会館や歌舞伎座など過去の伝統的な木造建築の形態をそのままコンクリートに置き換えただけの日本趣味的な建築だけではなく、装飾をそぎ落として構造体を素直に表現した穏やかな中央郵便局や逓信病院でもけっして満たされるものではなかった。むしろ丹下は、一貫して浜口が否定するモニュメンタリズムにこそその可能性があると考えていたのである。そして晩年に出版した自伝のなかでも、当時渾身の思いで執筆したという処女論文「MICHELANGELO 頌――Le Corbusier 論への序説として」(『現代建築』一九三九年七号) に託そうとしたみずからの考えについて、次のように記している。

「当時、建築界には、「旧来のいらざる装飾や空間はすべて取り払え」という声にあふれていた。それが〝現代建築〟だといわれていた。合理主義、機能主義のあらしである。

例えば、真っ白い箱に必要な穴をあけたようなもの、それがいいのだという。だがそれは、衛生陶器のようで清潔だが感動を呼ぶようなものではない。しかしコルビュジエの作品を見ると、同じように過多な装飾は拒否しているが、明らかに人の心を揺するような何かがある。この人の心を動かす何か、それを忘れてしまったら、建築など、一体何であろうか[20]」

丹下には、不要な装飾を取り払っただけの合理主義や機能主義による建築はル・コルビュジエが求めていた近代建築を矮小化するものにすぎない、との認識があったのである。一九六〇年の前川國男との対談でも、大東亜建設記念営造計画コンペにふれて丹下は次のように語っている。

「この競技設計の応募案では、富士の裾野を選んでそこにモニュメントと広場を計画しました。そのモニュメントはコンクリート構造ですが、屋根の格好をしたものでつくった。また広場のあつかいでは四角ではなくハシゴ形をしていましたが、これはミケランジェロにならったつもりでした。また寸法のおさえは黄金比の比例を使いました。(…)私は二〇代の若気のいたりでやったことでもあったのですが、民族主義の影響をうけていたということを素直に認めます。が同時に軍人会館や帝室博物館などの日本趣味とはやはり違ったものであったというふうに考えています。それは現在、機能主義をのりこえようとする運動のなかで出てきている伝統の考え方や、モニュメンタリティーの考え方に、多少のつながりをもったものだと感じています[21]」

丹下には近代建築における記念碑的造形＝モニュメンタリズムこそ近代建築の核心部分であり、それは近代建築が機能主義的な閉塞性を乗りこえて本物となるために大切な道筋でもあること、そしてそれが戦前戦後を通じて変わることなく世界的にも追求されるべきテーマであるという確信があったのだ。さらにそこに、丹下の大学卒業が一九三八年であり、すでに前年の一九三七年に日中戦争が始まり、建築資材統制によって木造バラックしか実現できないという状況にあったこと、「日本精神」が声高に要請され、日本という枠組みのなかでの思考を強いられる時代にいたことを考えあわせれば、なぜ丹下が伊勢や京都御所に手がかりを見つけようとしていたのかも理解できる。

戦争はそうした丹下の根源的な思考を強く促す圧力釜のような状況をもたらしたにすぎないのではなかろうか。あらためてふたつのコンペに添えられた当時の丹下の設計主旨を確認しておきたい。

「上昇する形、人を威圧する塊量、それらは我々とかかわりがない。かかる西欧の所謂「記念性」を持たなかったことこそ神国日本の大いなる光栄であり、おほらかなる精神であった。

ピラミッドをいや高く築き上げることなく、我々は大地をくぎり、聖なる埴輪をもって境さだめられた墳墓のかたちを以って。一すじの聖なる縄で囲むことによって、すでに自然そのものが神聖なるかたちとして受取られた。（…）我々は日本の営造の伝統した精神の指し示す道を行く。人を威圧せず何人をも抱き入れる自然と営造との渾一が作りなす「雄渾」なるかたちこそ我々が指し向ふべき世界的規模の「雄渾」であり「森厳」である。

尚諸々のかたちには一切の歴史の確認なき偶然なるものを避けた。歴史の確認するかたちの中にこそ将来への大いなる発展の萌核がふくまれるが故である[22]」

「我が国造営の伝統は「ゆかしさ」を以て、人々を抱きつつ亦、「格」を以て光被する所の独自の様式を持つのである。

それらは欧米の個体構成的なる建築がよく示しうるところではなく、我が国の環境秩序的なる造営のみがよくなしうるところである。

我々はこの倫理性の昂陽を指標としつつ、我が伝統の造営様式を実践的、展望的に把握せんと試みた[23]」

たしかに、これらの硬質な文章には時代に合わせた勇ましい言葉も散見される。しかし、そこには丹下が日本の伝統から見いだした造形表現の特性である「人を威圧せず何人をも抱き入れる自然と営造との渾一が作りなす「雄渾」なるかたち」や、「環境秩序的なる造営」という言葉が記されている。それらは、近代建築がいったんは形骸化したものとして否定した西欧の「人を威圧する塊量」としての「記念性」を乗りこえて、新たな象徴性を実現するためのキーワードであること、また、それを創造するための手がかりを「歴史の確認するかたちの中」に求めようとしたところに丹下独自の近代建築理解があったのだと思う。そこに、同じく伝統に向きあうなかから近代建築の原理を見つけようとしていた前川國男との決定的な違いが認められる。前川は後者の在盤谷日本文化会館コンペ案において、「かたち」ではなくむしろ「空間構成」に重点を置いた提案をおこなっている。そしてその案のなかで建築の内部空間が外部空間と「暖かき血脈」を通わす関係性を拡張させて、「各建築配置によって敷地内に作り出される建築外的空間、更に之等の建築外的空間がその敷地の外部に有つ環境的空間を常に緊強せる見えざる糸に結ばれたるが如き全体的空間構成を完成せんことにつとめた」[24]のである。このふたりの資質と求める方向性の違いについては、当時その同じ議論[25]のただなかにいた浜口隆一が次のような形で正確に理解し、明快な言葉にしていた。

「丹下氏の作品にあっては威厳があたりを払っている。大階段は自動車で乗りつけるなどといふことは飛んでもないことである。それは儀式の日に、高貴の方が威厳を正して静々と昇ってゆくのである。(…)それは人間を超えた威厳《モニュメンタル》である。丹下氏の日泰文化会館の建築が行為的＝空間的要素と構築的＝物体的要素の統一体として、その最も見事な効果を示すのは粛然たる祭の日であり、前川氏の建築がその最も見事な姿を示すのは大勢の人間が楽しくそこに集ふ日である。(…)前川氏のは機能的であり、丹下氏のはモニュメンタルである」[26]

目に見える「かたち」による「モニュメンタル」な造形表現を積極的にめざした丹下健三と、目に見えない「空間構成」による「機能的」な造形表現に踏みとどまり、そのなかから可能性を求めようとした前川國男……。丹下と前川の志向性の違いは、戦後に広島ピースセンター（一九五五年）と神奈川県立図書館・音楽堂（一九五四年）という対照的な実作として建ちあがることになる。

ところで近代建築における記念性の問題については、後年の一九八三年にノルウェーの建築思想家のシュルツが、このテーマを最初に提起したＣＩＡＭ（近代建築国際会議）の書記長で美術史家のギーディオン（一八九四―一九六八年）の言葉を引きながら、次のように記している。

「記念性ということが言われるのは、単なる「機能的」な充足より以上の何かが建築物に期待されているからである。そうしてまた建築が何事かを「意味する」ことも望まれているのである。「壁は天空に向かって建ち上がる。その仕方が私の心を動かすのである。それこそが建築なのだ」とル・コルビュジエは書いている。ジークフリート・ギーディオンは「新しい記念性」を求める要求を前面に押し出した最初の人であるが、彼はこの用語をつぎのような言葉で説明する。「記念性というものの源は民族が抱く永遠の必要性にあり、それが、彼らの諸活動のため、彼らの宿命もしくは命運のため、つまりは宗教心のため、社会的信念のために、もろもろの象徴をつくりだすのである」。「新しい記念性」への要求は、なんらかの欠点が認識され、それに対する反動としての近代運動そのもののなかから、このようにして浮上してきたのである。一九四四年にギーディオンはつぎのように書き記している。「近代建築が闘争を勝ちとり、単なる機能的問題を越えた記念的課題に取り組むことを許されるようになってきた国々では、そこで実現されてくる建築物に、何かが欠けていることが目につかざるを得ないのである。その「何か」とは、記念性への要求を満たすに足るような発想を生む建築的想像作用にほかならない」[27]」

シュルツはこう指摘したうえで、そのような近代建築の「新しい記念性」を実現したものとしてル・コルビュジエのロンシャン教会（一九五五年）、ヨルン・ウッツォンのシドニー・オペラハウス（一九七三年）、ルイス・カーンのキンベル美術館（一九七二年）をあげていく。そして機能主義の隘路でやせ細ってしまった近代建築の今日的課題として、「建築のイメージを象徴形態の体系を形成するものとして回復させること」を掲げる。丹下が戦時下につかんだ近代建築の記念碑的造形への確信は、戦争を挟んで現代へと続くものとして世界的なレベルの議論へと開かれていく質をもっていたのではなかろうか。だからこそ丹下の遺した建築は彼にしか実現できない象徴性をもちえたにちがいない。丹下は、その記念碑的造形を生涯追い求めていったのである。その意味で戦没学徒記念若人の広場は、遠くふたつのコンペ案を通して丹下の獲得した建築思想の核心部分が、広島ピースセンターをあいだに挟んでその二十五年後に純粋な形で実現されたものだといえると思う。

戦没学徒記念若人の広場は竣工後、財団法人戦没学徒記念若人の広場が管理運営する施設として活動をスタートさせた。しかし、この施設の現地への誘致を働きかけた建設当時の南淡町長・森勝氏の子息で後に同じく町長となった森紘一氏が町の広報誌に記した文章[28]によれば、一九九四年ごろには財団の経営が破綻して閉鎖状態となり、さらに一九九五年一月十七日の阪神淡路大震災によって施設の建物や石塀が壊れ、危険な状態に陥ってしまう。このため、島内の一市十町からの支援を受けて石塀を修復し、防護ネットを張るなどの緊急措置を施したのだという。

その後、所蔵資料は、二〇〇四年十二月に財団から京都の立命館大学国際平和ミュージアムへ寄贈される。寄贈を受けたミュージアムでは、二〇〇五年十二月にその一部を紹介する特別展「ぼく

沖縄平和記念公園「平和の礎」（2点とも）

たちわたしたちの生きた証――「若人の広場」旧蔵・戦没動員学徒遺品展」が開催された。一方、建物については、二〇〇九年の新聞記事(29)によれば南あわじ市は、この建物の建設時に無償で財団に提供した土地が市に返還されれば「周辺を改修し一般の人が慰霊に訪れることができるようにしたい」と表明していた。そして二〇一〇年、市は施設の再開をめざして土地と建物を取得、二〇一三年から社会資本整備総合交付金を活用して公園への改修工事に着手し、敗戦から七十年の節目を迎える二〇一五年三月に「若人の広場公園」としてリニューアルオープンしたのである(30)。

戦争を記憶する施設とは、どのようにあればよいのだろうか。この建物の設立時点で起きた政治的な事態を振り返るだけでも大変な難題であることが理解できる。詳述する力はないが、それでも歴史はいくつかの先駆的な方法を切り開いてきたのだと思う。ここではその一例として、敗戦から五十年目にあたる一九九五年に隣接する平和記念資料館とともに沖縄県糸満市に建設された、沖縄戦の戦没者を慰霊するためのモニュメント平和の礎《いしじ》と、それに先立つ一九八二年、遠くアメリカの首都ワシントンに建設されたベトナム戦争記念碑をあげておきたい。

前者は当時の沖縄県知事であり、自身も沖縄師範学校在学中に動員されて「鉄血勤皇隊」として戦場で闘い、奇跡的に生還した経験をもつ大田昌秀が「敵味方の別なく、また職業軍人と非戦闘員

ワシントン、ナショナル・モール内にあるベトナム戦争記念碑

の別もなく、さらには男女や世代の区別もなく」、「沖縄戦における全戦没者の名前を刻名し永久に残すため」に建設を決意した建てられたものである。[31]また後者は、それまでの戦争記念碑の概念を決定的に転換したモニュメントとして著名なものであり、大地にV字型に埋めこまれた黒御影石に、ベトナム戦争の時間軸に沿って戦死した兵士の名前を淡々と並べたものだ。[32]いずれも戦争のもつ非情さを、おびただしい名前が刻まれた石の壁によって静かに語りかけるものとなっている。そしてこのふたつの記念碑はいずれも、そこを訪れる人々が失った家族や友人らの名前の前に花束などをたむける行為を通してつねに対話を繰り返すことのできる生きた場所となっていることにその特徴がある。さらに、ここで記念碑のあり方を考えるために、アメリカの社会学者マリタ・スターケンが二〇〇一年、ニューヨークのワールドトレードセンターを襲った悲劇である「9・11」の記念碑についてふれた次のような言葉を重ねあわせて

みたい。

「大切なことは、死者を悼むために創り出される場所が、なぜかれらが命を失ったのかという議論を前もって排除するものではないということである。

ある文化のなかで深く強い影響力を与える記念碑とは、議論が継続する余地を生み出す記念碑、歴史や記憶を閉じ込めようとするのではなく、あらゆる対立のなかで歴史や記憶が生み出される空間を創り出す記念碑である(33)」

戦没学徒記念若人の広場の現在を考えるとき、そこではふたつのことが問われているのだと思う。戦争を直接経験した人々が次第にいなくなるなか、戦争を記憶し、戦争を考えつづけるモニュメントとは何かということであり、そのために建築という存在に何ができるのかということである。そしてこのふたつの問いこそ、他でもない丹下が答えようとしたことだったのだと思う。一九四九年、広島ピースセンターの建設が始まろうとする時点で丹下が記した次のような文章がある。

「平和は訪れて来るものではなく、闘いとらなければならないものである。平和は自然からも神からも与へられるものではなく、人々が実践的に創り出してゆくものである。（…）わたくし達はこれについて、先づはじめに、いま、建設しようとする施設は、平和を創り出すための工場でありたいと考へた。その「実践的な機能」をもつた工場が、原爆の地と結びつくことによつて、平和を記念する「精神的な象徴」の意味を帯びてくることは極く自然のことであらう(34)」

追悼施設が平和を創り出すための工場となること、広島の建築に込められた丹下の考え方は、この戦没学徒を記念する広場のゆくえを明快な形で照らしだしている。それをどんな形で稼動させていくのか、戦争を記憶するために建築に何ができるのか、現代の精神と想像力が試されている。

V

「物」としての建築　白井晟一と前川國男

現在、世界的な広がりのなかでモダニズム建築の見直しと再評価の流れが加速している。時間的な適度の距離感が生まれ、あいだにポストモダンの時代を経たことにもよるのだろう。全体の構図自体も当時とは異なったものへと徐々に描きなおされつつある。そのような時代にあって、白井晟一（一九〇五—八三年）はどのような存在として理解することができるのだろうか。難題だと思う。それは、たとえば近年あいついで展覧会が開催された同い年の前川國男（一九〇五—八六年）をはじめとして、ほぼ同世代の坂倉準三（一九〇一—六九年）や吉村順三（一九〇八—九七年）、あるいはより年少の吉阪隆正（一九一五—八〇年）や清家清（一九一八—二〇〇五年）、さらには丹下健三（一九一三—二〇〇五年）といった建築家たちの仕事と並べるとき、浮かびあがる微妙な違和感からも想像できる。白井だけがどこか異質であり、他の建築家と併置されることをやんわりと拒絶するような印象を見る者に与えるからだ。そして少し上の世代の村野藤吾（一八九一—一九八四年）とは別の次元で、モダニズム建築を理解する枠組みそのものを問う存在としても迫ってくる。

親和銀行本店（佐世保市）

興味深いことに、白井の仕事を評価することの困難さはすでに当時の建築界も抱えていた。一九六九年に記された次の文章にそのことが読みとれる。

「今日における建築の歴史的命題を背景として白井晟一君をとりあげる時、大いに問題のある作家である。社会的条件の下にこれを論ずる時も、敢て疑問なしとしない。

しかし、建築を人間との深い相関関係において見つめる時、殊に人の心や魂に語りかける何物かに建築を昇華せしめることをもって建築の究極の到達と認める時、白井君はわが国における数少ない出色の作家である[1]」

これは、白井の代表作である親和銀行本店が昭和四十三（一九六八）年度の日本建築学会作品賞を受賞した際に、その「推薦理由」として書かれた文章の冒頭部分である。この評価の文言自体にもどこか屈折した苦渋が感じられる。ちなみに、二十一件の候補のなかから同じ年に作品賞を受賞したもうひとつの建物は、鬼頭梓の東京経済大学図書館であり、その方向性の違いにも、当時の建築界の置かれていた状況がうかがえて興味深い。おりしも時代は、世界的規模で巻き起こった大学闘争の最中にあり、近代そのもののあり方を問う議論が活発に交わされていた。建築界でも近代建築運動＝モダニズムへの懐疑が提示されていく。そうした先の見えない時代の文脈から白井の親和銀行への評価がなされたことにも注目しておきたい。そこには、現在から想像する以上に行き詰まった近代を乗りこえる道筋を白井晟一の仕事にみようとするまなざしがあったと思われるからだ。また、この建物は一九六九年度建築年鑑賞も受賞する。選評には次のような言葉が記されていた。「親和銀行はぼくらの眼前に《異常なる世界》を差し出してみせる。これが異常に見えるのは、あるいはぼくらが、あまりに近代建築的な語法になじみすぎていることによるのかもしれない(2)」「白井晟一の空間を、今日における貴重な「魂の空間」と認めつつ、それをわたし自身すなおに受け入れることのできぬ何ものかが、そこにあるように思われてならないのである。それを受け入れたら、私自身の「全存在性」の一角が崩れ去るように思われる何ものか、である。(…)見事だ、うまい、と思いながら、それら白井晟一の世界は、わたしの世界とは異質なのだ。そこには、わたしの行動を誘発してくれる要因は存在しない。むしろ、わたしの行動に歯止めをかけ、白井的絶妙な空間の「鑑賞」の世界をさまよわせるのだ。そして、そうあることを意図さえしている白井晟一のワナに、マンマとはまりこむのだ(3)」

これらの言葉からも、時代が大きな転換期を迎え、近代建築への信頼が揺らいでいたこと、しかしその一方で近代建築の枠組みとはまったく異質の白井の空間に対する直感的な違和感も提示されていたことがわかる。

ところで、白井がこうして学会賞を受賞し、その存在を認められた一九六八年は、図らずも同い年の前川國男が「近代建築の発展への貢献」を理由に初の日本建築学会大賞を受賞した年でもあった。その「推薦理由」には次のように記されている。

「わが国の近代建築がきびしい諸条件のなかにあって戦時中の空白を埋め、さらに前進をはかり、近代建築の大道を築かれたあとをふり返るとき着実な作風によって確乎たる指標を示した前川君の業績は高く評価されるべきである(4)」

ここには戦前から近代建築運動を主導してきた前川への賛辞が記されている。その受賞はモダニズム建築が日本において歴史的評価を得たことを示すと同時に、図らずもその転換点だったことをいまに伝える。けれども、ここからが歴史のおもしろいところだと思う。前川はこの一九六八年に日本建築学会でおこなわれた「日本建築の将来」をテーマとする座談会(5)の席で、そうしたモダニズムの文脈とはまったく無縁の存在だったはずの白井晟一と出会い、意気投合する。そして前川は、翌一九六九年には審査委員長を務めた箱根国際観光センター設計競技において旧知の吉村順三、大江宏、大谷幸夫とともに白井に審査員を委嘱するのである。それ以降、ふたりの親交は白井の亡くなる一九八三年まで続き、前川は白井の急逝に際してその追悼文(6)に「日本の闇を見据える同行者はもはやいない」と記すことになる。何がふたりの信頼関係を育んだのだろうか。ここにも白井を理解することのむずかしさと意義があると思う。

年譜によれば、白井は一九二八年、京都高等工芸学校を卒業後、渡欧し、ドイツのハイデルベルグ大学に入学、ヤスパースのもとでカント哲学を学んでいる。なぜ哲学だったのかについては、川添登の近年の評論「白井晟一論ノート」(7)に詳述されているように、京都高等工芸学校時代に私淑した戸坂潤や深田康算から影響を受けて西田哲学など京都学派の思想にふれたことが大きかったのだろう。戦後におこなわれた対談(8)によればドイツでは「ゴティックを勉強しようという目標」はあったものの、頭は「建築よりはカントのことでいっぱい」だったという。それでも、ケルンや北フランス各地に残るゴシックの教会を訪ね、講義を通してギリシャ建築の「明晰性」にも眼を開かれていく。こうして偶然にも、同じ年の一九二八年にパリのル・コルビュジエのアトリエへ入所した前川國男とは異なり、白井晟一は新しいモダニズム建築の動きにふれることもないままギリシャやゴシックの建築にのめりこんでいく。そこには、前川が遭遇した住宅問題の解決という近代建築の社会的使命や、そのために建築の工業化が必要であること、新しい建築の考え方を妨害する旧世代との対決が避けられないことなどモダニズムの最前線にいたル・コルビュジエらが抱えていた困難な課題や闘いの意味はまったく意識されていなかった。このような建築との出会いが、その後の白井晟一の個性を形づくっていったのだ。別の鼎談で白井は次のように回想している。

「自分という人間をともかくこうしてヨーロッパ世界に投げ込んでみたものの、渺たる小さな自分がこの土の上で一体何なのか、そして膨大で分厚いこの歴史世界を向うにまわしてどんなに頑張ってもどれほどの人間的自覚にゆきつけるのかというような、茫漠としながらも、ひとときのリラックスもないようなつきつめた意識の中で、簡単に二—三年の歳月を過ごしてしまった(9)」

白井はいきなり「膨大で分厚い」歴史世界と対面することになったのである。そのことは、同じ鼎談で「われわれはポツンと地球に現れてきたわけじゃない。膨大な歴史を負うている」と述べたような自覚を彼にもたらしたのだろう。また「文化や思想あるいは伝統の骨をつくってきた人間内面のいちばん大切なメンタルな問題とまともにぶつかって学べるだけ学ぶ、食べられる限り食べなければならない」という、その後の白井の基本姿勢にもつながったにちがいない。この時点においてモダニズムという枠組みをこえた歴史理解を獲得したのである。こうして白井は建築家になることを意識することなく、さまざまな経験を経て一九三三年、日本に帰国する。そして一九三五年、義兄の近藤浩一路の居宅の設計に施主側の代弁者としてかかわることを通じて建築家への道を歩みはじめていく。それはやはり偶然にも前川國男がレーモンド事務所を経てみずからの事務所を設立した同じ年でもあった。ともに三十歳のふたりは、まったく違うかたちで建築家としてのスタート地点に立っていたのである。白井はこの突然降って湧いた住宅の設計を手がけるにあたって、五里霧中で木造の参考書や堀口捨己の著書などを貪り読んだという。けれどもヨーロッパで歴史と対話することの大切さを学んだからなのだろう、次のような感覚も抱いていた。

「数年のヨーロッパ滞在から帰ってきましたら、こんどはこの日本が全くエキゾチックで、いわば新鮮でさえありました。そして殊に、仏教および仏教の歴史世界が、ハイデルベルグやパリで考え込んでいたカトリシズムの、それこそ何倍というか、圧しつぶされそうな重さでのしかかってきたんです[10]」

この視点をもちえたからこそ、帰国後の白井は日本の伝統的な建築とも向きあっていくことができたのだろう。先の対談[11]でも「私の中でギリシャやゴティックが落付いているわけではないのに、今又私の血と最も近い日本の古典が全く鮮やかな印象で迫って来た」と述べている。それは、渡欧前に接した京都学派の思想と新たに向きあうことでもあったのだと思う。こうして白井は、新鮮なまなざしをもって日本の伝統建築と向きあいつつ、義兄や知遇を得た中央公論社社主の嶋中雄作などごく限られた施主から依頼された十件に満たない木造住宅の設計を手がけて戦後を迎える。

白井晟一は戦後に入っても、前川國男や丹下健三、レーモンドや坂倉準三ら近代建築を主導した建築家とは次元の異なる地点でひとり歩んでいく。戦前以来、学閥とは無縁であり、秋田での地道な設計活動を続けていた在野の一建築家にとって、それは遠い世界だったにちがいない。おそらく「新建築」誌の編集者・川添登に見いだされることがなければその存在は長く知られないままに過ぎていたことだろう。それでも、川添に求められて記すことになったのだろう。白井が同時代の近代建築をどうみていたのかが、毎年十二月号の同誌に掲載されたアンケート欄からは読みとれる。白井が回答を寄せたのは一九五三年から五八年までの六年間で五回にすぎないが、そこには率直な意見が綴られていた。

一九五三年には「「建築」ということのきびしさを身につけている」と無名の学生だった番匠谷尭二の住宅「正方形の家」を絶賛し、一方で「これは困るというような建築」をあげよという問いには「陸続たるイミティション!」と答えている。[12] 続く一九五四年には丹下健三の愛媛県民館を選び、その理由を「同時代性への適応に真正面から取組みながら、所謂近代建築という歴史的制約の窮屈さを感じない作者生得のデザインは快適である。此の作者の真の価値は(…)人間の生命を維持し、防禦するために無用な表現といわれる精神性を獲得した時から、より的確なものになると思う」と指摘する。早くも白井は、丹下の可能性がこの十年後に東京カテドラルへと結実する機能をこえた精神性にあることを見抜いていた。[13] また一九五五年には増沢洵の新宿・風月堂をあげ、その理由を「近代建築を充実させる一つの健康な方針を間違いなく把え、確信をもった建築意図が謙虚且透明に表現されている」と述べる。[14]さらに一九五七年には指名コンペに落選したシルクセンターの前川國男案をとりあげ、「その世界の大きな又深い伝統へ眼を拓いた造型精神の拡大は、今日までの日本の建築にかけていたものだ。けわしくはあるが、日本の建築がより幅の広い、厚みのある進展を遂げるためには、あえてこのような「危険」とも、まともにとりくむべきではないか、機会を与えてほしかったと思う」と記している。[15]そしてこの一九五七年の八月号の記事によって起きたいわゆる「新建築問題」の責任をとるかたちで川添が編集長を解職されたことが影響したのだろう。翌一九五八年に白井は、ひとつの区切りとなることを予感したかのように次のような総括文を寄せている。なお補足すれば、白井晟一がふたたび「新建築」誌上に登場するのはそれから十年後、ほかでもない親和銀行本店の発表まで待つことになる。

「世界はタフな建設の時代に入ったといわれる。日本でもこれに呼応して脆弱なモダニズム克服の傾向が次第に顕著になった。(…)真に「逞しい」時代をつくるものは他ならぬ自主の思想の徹ったウブな造型であって欲しいのである」[16]

これらいずれの批評でも白井は、当時、前川の日本相互銀行本店(一九五二年)や丹下の東京都庁舎(一九五七年)をめぐってさかんに議論されていたであろう建築の工業化や都市の公共空間をめぐる議論などにはいっさいふれていない。むしろ彼の評価は、それぞれの建築そのものにどれほど内発的な独自の試みが貫かれているのかという点に集中されている。それは同時期に記された別の文章にもあるように、「われわれが欲しいものは最高の借り物ではなく、最低の独創であるべきだ」[17]という思いから、白井が同時代の建築を見つめていたからなのだろう。逆にいえば、白井には近代建築運動の抱えていた課題や社会的使命などは自覚されておらず、建築の実在としての強さと独創性だけが関心のすべてであった。それでも白井晟一は、近代建築を実践しているとの自負をもちあわせていた。一九五七年におこなわれた対談のなかで次のように語っている。

「歴史を勉強しているのではない。現代にものをつくっているのだから僕の関心も目標も近代建築でないはずはありません。僕が自分の中から出た近代建築を願望していること、そのことのみが可能でありそれ以外のことが許されないのは自明のことです。（…）様式の主流の決定は歴史がすることであり、私は私の言葉で語ることしかできぬし、その言葉の内容となる力の蓄積の仕方も自分で拓いていく以外にはない。ギリシャやゴティックや日本の古典は夫々の原理でもって僕を鍛錬してくれましたがまだまだ自分のものとはならないのです。しかし私は折角自分で求め、あたえられた養分を今でもまだもっともっと貪欲に吸収したいと思っています[18]」

ここには、白井が寄って立とうとしていた場所、ギリシャ、ゴシック、日本の古典というバックボーンが語られている。しかし、それは同時代の建築界で議論されていたものとは大きく異なるものだった。

それでは逆に、白井晟一の建築については当時の建築家たちはどのようにみていたのだろうか。やはり同誌のアンケート欄からは、興味深いまなざしを読みとることができる。

一九五六年には白井の松井田町役場に対して、当時、前川事務所の所員だった大高正人と田中誠が批評文を寄せている。大高は「モダニズムの線にのった作品の方法や手の内はもう底が見えて嫌ったらしくなって来ましたが、そこから抜け出すことは誰にとっても容易なものではなく、この作品はそういう時の手掛りになるようなものではないでしょうか」と評し、田中も「前向きのつもりでいる我々が、ともすれば見失いがちな何物かについて貴重な警告を与えてくれるように思いま

松井田町役場（現・松井田町文化財資料室）

す」と記している。[19] 当時の彼らは、前川の指揮のもと「テクニカル・アプローチ」という目標を掲げ、建築の工業化と軽量化に向けた材料や構法の開発、鉄筋コンクリート構造体の原理的な追求を試みていた最中にあった。そんな近代建築の抱える技術的な課題に向きあっていたからこそ、彼らはそのアプローチの孕む問題点をより強く自覚しはじめていたにちがいない。もしかしたら自分たちの進めている方法は建築の本質を見誤っているのではないか、建築には技術の進歩とは違う何かが必要なのではないか、と。そのとき白井晟一は、そうした何物かを彼らに告げ知らせ、問いかける存在に見えたのだと思う。また一方で、その数年後の一九五九年、白井の善照寺が竣工した際には、やはり前川のもとにいた鬼頭梓が次のように批評していた。

「氏の作品のもつ格調の高さ――これを私は現代の日本で、極めて求め難いものであると思っているのだが――そこに、どこか梅の古木でも思わせるようなきびしさ、烈しさはみちているのだけれども、欅の若木のように、希望にみちた未来への期待を感ずることが出来ないのである[20]」

鬼頭は、白井の建築の先に、どこか閉ざされていく内向性のような性質を読みとっている。それは近代建築を市民のものとなるように先へ開こうと鬼頭自身が担当し、同じ一九五九年に竣工する世田谷区民会館・区庁舎を通して模索を続けていたがゆえに言わずにはいられなかった問題提起なのだろう。ここにもまた白井晟一をめぐる近代建築のあり方についての視点の違いがうかがえる。

さて先にもふれたように、それぞれまったく別の道を歩んでいた白井晟一と前川國男が一九六八年に出会い、意気投合したのはなぜだったのだろうか。これまでみてきたように、ふたりはモダニズム建築運動の外と中にあって、いわば物としての建築と方法としての建築という両面から近代建築を実践してきたことになる。だが一九六八年の時点において、前川は深刻な挫折に直面していた。彼はル・コルビュジエに学んだ方法を日本の気候風土に適応させ、着実なものへと育てあげたいと模索を続けてきた。その前川にとって、工業化以降の近代建築がそれ以前の無名の建築や様式建築がもっていたような時間に耐える確かさをつくりだすことは困難なのではないかという認識には忸怩たるものがあったにちがいない。さらに目の前では、日本最初の超高層ビルとして計画した東京海上ビルディング（一九七四年）が美観論争によって中断を余儀なくされていた。それは建築によって都市をコントロールすることのむずかしさを前川に痛感させる事態だった。前川には一九六〇年代の後半において、みずからが追い求めてきた近代建築の方法への深い反省が自覚されていたのだと思う。そして一九七〇年以降の前川は、手にした素朴な材料と確かな構法を用いて内外の空間が有機的につながる明晰な平面計画を純化させ、単体の建築に都市へと開かれた広場的な要素を盛り込む方法を洗練させていくことになる。埼玉県立博物館（一九七一年）から熊本県立美術館（一九七七年）へといたる晩年の建築はその方法を象徴しており、後者を紹介する著書の序文のなかで前川は次のように記している。

「建築家が、その設計に苦心の努力を積重ねるのは、その建築の実在感、ひいては彼自身の「実存」のあかしをつかみたいからである。その「実存」と「構造」と「機能」に頼っている「建築」にとって、「ディテール」こそが、その構造を成立させる「実在感」の「手ざわり」といえるだろう。建築家にとって彼の生き甲斐は、彼の作品の実在感に託す以外に道はない。したがって、「ディテール」こそが彼の主体性の棲みかであり、彼の個性の出生の場であるといえよう[21]」

そうした転換点に立っていた前川國男にとって、「充実した空間は誠実なデテイルの集積だと思う。（…）歴史を創ろうとする思い上りよりは、時間に堪えられる[22]」ことと語り、次のように述べる白井晟一は、建築の根本を理解する同志に映ったことだろう。

「建築は徹頭徹尾「物」なんだ。そしてわれわれの仕事が究意では「物」の収斂・拡散などの按配・工夫だというしかないなら、「物」への理解から入魂、そういう自覚を身につけていないでなにがつくれるだろう。わたしの建築家渡世の半分はそうした素材のいのちにこっちのいのちを通わせ、共感の讃歌をうたいあげる、そういう「物」を探し求めて過ぎてきたといってもよい[23]」

前川と白井が建築の「物」としての実在感を大切にしようとする姿勢において、共通の意識をもっていたことがわかる。

では、そうしてお互いを認めあった白井晟一と前川國男の方法の違いについては、どのように考えたらいいのだろうか。そのことについては、彼らふたりの没後一九九七年に記された文章のなかで評論家の加藤周一が批評を試みている。彼は現代都市をめぐる状況を次のように分析することからふたりの比較を始めていく。

「東京は原則として無秩序の都会である。（…）どういう高さの、どういう形の、どういう色の建物をつくろうと、少なくとも美的観点からは自由である。街並の調和的景観はあらかじめそこにないから、隣の建物との美的関係を考慮する意味もないし、またその必要もない。このような自由は、もし註文者の側からの経済的その他の条件が許しさえすれば、建築家のあらゆる冒険を可能にする。（…）別の言葉でいえば、デザインのない都会は個別の建物のデザインの実験場である」[24]

そして加藤は「そこで建築家のとり得る態度は、二つである」として白井と前川のふたりをとりあげ、ほぼ同時期に竣工したそれぞれの建物、ノアビル（一九七四年）と東京都美術館（一九七五年）にみられる方法の違いを記述していく。

彼は、白井のノアビルの特徴は「周囲を無視し、周囲とは関係なくそれ自身を主張してやまない堅固な構造物をつくりだすこと」にあり、そのねらいは「都会のカオスのなかに孤立した建築を、一つの大きな彫刻作品のように築くこと」にあると指摘する。一方、前川の東京都美術館については、その特徴は「あたえられた敷地のなかに何棟かの建物を配置して、そこにいわば極小の都市空間を創り出すこと」にあるとし、そこには「建築と周辺の環境との関係に、たとえ局所的にでも、固執して、何らかの解決をもとめようとする態度」がうかがえると評している。

この加藤の分析は、ふたりの建築家としての資質の違いを理解するうえで貴重な手がかりを与えてくれる。白井については先に引用した白井の建築が内向的な性格をもつという鬼頭の指摘とも重

飯倉交差点角地に立つノアビル

東京都美術館。広場と展示棟

なる。また白井本人は、ノアビルについては竣工直後におこなわれた座談会[25]で「困難な混沌の中にある運命は免れ難い。苦渋の象徴以外ではないかもしれません。そんなことも含めてあのビルは、何か現代の人間の苦しいものをひじょうに、盛り込んだ建物であった」と自己分析しつつ、「都市の顔」をテーマに「地蔵」や「道祖神」も連想しながら「道しるべ」をつくってやろうと思ったと語っている。そこには白井の「現代都市は、類型スクラップの集結場にすぎません[26]」という現代都市に対する醒めた意識と、それに対抗しようとする建築家としての思いが込められていたのだろう。だが、喧騒たる都市のなかで寡黙に自立する地蔵や道祖神のような存在としての建築、それは白井晟一が一貫して求めつづけた建築の姿だったのではないだろうか。じつは同時代の建築家や建築評論家の多くが近代建築との関係性において白井晟一の位置を測ろうとしていたなかで、そうした白井の姿勢を彫刻家の流政之は、早くも善照寺が竣工した一九五九年の時点で同じ作家としての目線から次のようにみていた。

「白井晟一は風土のなかの民衆的な建築家であるように、一部の人から言われているが、彼が建築に傾けるこころと生活は、民衆とともにあるものではなく、求めるその様式も、貴族的とも言うべき静謐な美を追求し、民衆のものからは遠い。（…）彼の設計はその風土にとけこみ、農民や民衆とともに生き、考えてゆくものではなく、強い個性、自己の信念のもとに、自身の好むもの、好む形を創造しているのである。それが彼の作品を美しく静かなものとしているのである。それだけに、彼を騒々しい建築界の外で、自由に、そつとして、仕事をさせるべきではないだろうか[27]」

流が指摘するように、白井はどこまでも自身の内面からの創造にこだわりつづけた建築家だった。そこには晩年においても「自分の体の中から出てきた汗のにじんだ石でなければ、使いたくない[28]」と語り、「心と物との日常的な対応の中から、自分と自分の属する世界をプリミティブに純化する道を発見してゆくしかない[29]」と述べる白井がいる。白井晟一は、時間をこえることのできる「物」としての建築の始源性の強さを求めつづけたのである。

一九二八年にヨーロッパへ渡り、四十年後の一九六八年に日本建築学会賞を受賞して別の道を歩んでいた前川國男との交友が始まった白井晟一という存在は、つねに近代建築の側からの視点によって評価され、語られてきた。そのような文脈からようやく解放されつつある現在、必要とされるのは白井晟一の歩みに即してその建築思想の実像を描きだす作業なのだと思う。一九七八年の対談で、白井は次のような哲学理解を語っている。

「ヨーロッパの文化や伝統の発足に哲学があるというが、そこで哲学って一体何なのかとなると、私は経験の自覚だというのが、いちばんわかりいいのではないかと思っている。（…）持続しながら身体化する経験の自覚が哲学になってゆく(30)」

同じ対談では「体験が経験にたかめられ、肉体的自己の自覚から哲学へというプロセスを欠いた受容では、せいぜい模倣にしかならない。方法までゆかない」とも述べている。こうした言葉からもうかがえるように、白井は、建築が物と対話しながら経験へと高められ、身体化されて自覚へとたどりついた果てに真の方法となり、哲学になりうることをめざしていたのではないだろうか。現代の建築は、こうして白井の見つめた歴史、経験、物質との対話の回路を見失ってしまって久しい。白井晟一の建築は、あらためてその回路を通して建築の存在意味をたどりなおすことを求めている。

石を積む　白井晟一の建築

建築の専門教育を受けることなく一九二八年にヨーロッパに渡って哲学とゴシックを学び、帰国後の一九三五年に義兄の自邸を手がけたことから建築家として歩みはじめた白井晟一は、建築界の主流とは無縁な場所にいた。彼の建築が本格的に論じられるのは、原爆堂計画（一九五五年）とエッセイ「縄文なるもの」（一九五六年）がよき理解者であった川添登によって「新建築」にとりあげられ、実作として鉄筋コンクリート造の松井田町役場（一九五六年）や善照寺（一九五九年）が竣工する一九五〇年代後半からである。そして一九六〇年代に入り、一連の親和銀行が発表されたころから、白井の建築は村野藤吾の日生劇場（一九六三年）と並び近代建築の枠組み自体を揺るがすような存在として急浮上する。

たとえば建築評論家の浜口隆一は親和銀行大波止支店（一九六三年）が竣工した際、白井を「あえて反近代派であろうとした」建築家としながらも、その建築にみられる「折衷派的要素」が「人間的なわかりやすさ」と「親しみ」を感じさせると指摘し、みずからの属する近代派との苦しまぎれと思えるような調停を試みた[1]。それは逆にいえば、近代派（モダニズム）の「尖端をもとめる」前衛性が白井の示した「手応えの堅さ」を前に揺らぎはじめたことを意味する。さらに親和銀行本店第I期（一九六七年）の竣工時点では、大分県立図書館（一九六六年）を完成させたばかりの磯崎新が、白井の特質について次のように評していた。

「彼にとって、建築とは彼の内部の観念の現実化なのである。その現実化の過程には、だから彼の全部の記憶と肉体化された教養が参画する。採用されるような、外在化したシステムなどない。むしろまったくの恣意な選択と、その取り合わせにすべてがかけられている。（…）白井晟一のすべての建築は、彼がギリシャを、ルネサンスを、ロマネスクやバロックを、そして日本のさまざまな古典の世界を、さまよい歩いた軌跡そのもの、その全過程とのみ対応するのである[2]」

上・親和銀行大波止支店。
下・親和銀行本店

この白井理解は、白井に何か一貫した方法論を読みとることの困難さという意味でいまなお支配的な見方だ。しかし、続く結論で磯崎は白井の「普遍化」を拒絶する「マニエリスト的」発想にこそ現代建築を切り拓く可能性があるとして、次のように論じていく。

「ぼくには、ポップアーキテクチャーとでもよんでいい、雑多で日常的であり、しかも極度に現代的な建築の領域が、いまわずかながらも設定されるのではないか、という予感がしているのだが、そんなときに、白井晟一の独自の方法は新しい意味あいをもってぼくらの前に立ちはだかるだろう。これはかたくなにまで閉ざされた孤高の世界である。しかし、その作法のなかには、無限にひろがる諸事件を、突如として、特定の場に流入させていき、まったく独自の領域を形成するという、すぐれたマニエリスト的な方法が内在するからである。白井晟一は、こんな契機を触発する、まったくユニークな作家なのだ」

ここで磯崎は、浜口のような白井の建築と調停を図ろうとするモダニズム的な見方をきっぱりと否定したうえで、白井がみずからの観念に従って自由に選択し、横断的に引用しようとする態度に同時代のポップアートにもつながる方法論的な新しさを見いだそうとする。それは「建築の解体」という時代認識のもとでマニエラ手法論へとつながっていく、磯崎自身の戦略上の文脈から半ば強引に読みとかれた白井論にほかならない。そして宮内康は親和銀行第Ⅱ期（一九六九年）について「白井晟一の奇怪で不気味な物質の塊りは近代の技術やシステムに対する肉の告発である」[3]と、より直截なかたちで近代批判へと広げてみせた。

このような一九六〇年代末の白井評価の背景にあったのは、当時の社会を覆っていた近代批判という大きな枠組みであり、それを乗りこえようとする強い自意識である。しかし、これらの文章を同時期の白井の発言と並べてみるとき、白井晟一がいかに同時代から孤立し、その思いとは隔絶した文脈で語られていたのかが理解できる。

「建築家が柱をたて、屋根でおおうことができるからといって、都市計画家が大製図をかきおおせたからといって、いわゆる建築空間や都市空間ができると考えるのは思いあがりだと考えますね。空間をつくるひとつのエレメントの築造に参加することと、はきちがえている。空間は時間と人間と、否、もっともっとそれこそ無限なファクターをともなわなければ成立し得ない。一アーキテクトは空間をつくるひとつの捨て石にすぎない。空間は神のおぼしめしでできるのだといっているほうがむしろ真率性がある(4)」

ここには、高度経済成長下の急激な都市化のなかで建築家たちがさかんに都市を語り、新しい建築造形の可能性を議論していたことへの直感的な違和感が表明されている。また少し後年の近代建築批判が本格化する時代においても、白井は次のような言葉を発していた。

「日本でもいわゆる近代になって、西欧の建築の質にまで肉迫してゆこうという執念と、ほんとうの勉強があり、たとえ二世代か三世代でもそういう苦闘の持続があったなら、こうやすやすと近代建築不毛病に悩まされなかったように思うのです(5)」

白井は厳然と続く建築の歴史へと通ずる道程をひとり歩もうとしていたのだ。こうして、モダニズムからもポスト・モダニズムからも誤読されつづけた白井の孤独が見えてくる。

それでは、白井は何を求めたのだろうか。親和銀行の仕事が進む途上の一九七〇年、ある鼎談で石の建物が多いことを指摘された白井は、それに答えて次のように述べている。

「なにも伊勢神宮を生んだ日本の伝統だけが、われわれのものじゃない。もっとプリミティブなところに帰ることになれば、伊勢神宮と同質で、ユーラシア大陸的なものも、つくり得るんじゃないか。（…）やっぱり、僕は西洋の壁を突き抜けたいと思うんだ。（…）木や紙だけを素材にしていては、西洋の壁は破れないと思ってきた(6)」

ここには、なぜ白井が木造でもコンクリートでもなく最終的に石と格闘しようとしたのかが語られている。白井には長い建築の歴史と連なる現代建築を打ち立てるためにはギリシャ、ローマからゴシック、果てはバロックにいたるまで様式を変えつつも連綿と続く石の造形に肉薄することこそ最大の課題である、との自覚があったのだ。だからこそ、親和銀行の集大成となる懐霄館（一九七五年）が竣工した際、インタビューのなかで次のように語るのである。

「私は嘗てこんどの建物外壁の石積を「われわれの負っている厖大な歴史へのオマージュ…」と言ったが、私は自分がこの歴史の中にあるというおそれと自覚を、比較的早く身につけることが出来たのをありがたいことだと思ってきた。私のもっている建築理念が、このことによって支えられてきたのは言うまでもない。（…）この五十年、額に汗しながら、日本的な楽観主義が何を生んだか。文明のプロセスのうちに埋れ解消してゆく貧寒な文化の稟質を考えると、陋巷のどんずまりのところでやっとひや水のような仕事をしていながら、やはり自分に課した未来への責任を感じないわけにはゆかない(7)」

職人たちとひとつひとつ石を積みあげることによって過去と未来をつなぎ、みずからを鍛え、育んでくれた歴史への讃歌とすること。ひたむきに建築の歴史と向きあおうとした白井の後ろ姿には二〇一一年三月十一日の東日本大震災以降の日本の現実をも見据える不動の勁さが備わっている。

村野藤吾の都市

村野藤吾の遺した建築の多くは、オフィスビルや銀行、商業ビルや百貨店、劇場や映画館など都市の街角を形づくったもので占められている。またそのほとんどが民間から依頼されたものであり、しかも貸しビルや百貨店など収益性という指標から空間の利用効率の最大化を何よりも求められる物件が多かった。そのことが仕事の性格と建築思想の骨格を決定づけたのだと思われる。一九五四年の座談会で、村野は次のような発言を残している。

「建築には骨になる部分がある。その上に仕上げをする。骨の部分とそれにくっつける部分を組み合わせて打算する。(…)ファンクションだけで一応解決することができるが、町の建物はある程度よい着物をきせないと商品価値がでない。ここにわれわれデザイナーも面白味がある」(1)

この発言からは、村野が建築を骨と着物に分けて考えていたことが読みとれる。しかし、それは構造の明快さと内外空間の関係性の創出をテーマとしていたモダニズム建築のアプローチとはまったく異なる建築理解だった。こうして読売会館(一九五七年)では、丹下健三の東京都庁舎(一九五

読売会館・そごう東京店（現ビックカメラ有楽町店）

七年）と比較されて都市への提案のなさや構造の不明快さ、内部と外部との関係の希薄さなどが厳しい批判を浴びた。その背景には村野の姿勢に、決められた平面図に外観デザインだけを募集した戦前の設計コンペとなんら変わらない体質を感じとった戦後建築界の共通認識があったのだと思う。一方、この批判がよほど堪えたのだろうか、一九七二年、日本建築学会大賞を受賞した際、八十一歳の村野は次のように記さずにいられなかったのである。

「私の仕事は六十歳を過ぎてからのものが量においては圧倒的である。その多くにたいする建築界の世評を詮ずれば、大体二様のようである。構造的でなく、装飾的である。アーバンデザイン的でない。（…）かりに読売会館を例に取ってみよう。都市交通の観点からあの建物にピロティーを取るとしよう。もっとも重要な百貨店としての必要最低面積を割って、営業は成り立たないことになる。（…）しょせん人間のための建築であることは異

日本生命日比谷ビル（日生劇場）

論の余地はあるまいし、だとすれば構造も装飾もアーバンデザインも含めて、手段ではないかと思う(2)」

ここで村野は、装飾的構造もアーバンデザインもすべては「人間のための建築」を実現するための手段だと主張する。それでは村野にとって建築のテーマとはなんだったのだろうか。日本生命日比谷ビル（一九六三年）の竣工後の一九六五年に次のように語っている。

「私は、窓にはひじょうに気をつかいます。ただ窓というより、窓と壁との境界ですね。それから壁。条件にもよりますが、私は壁と窓に注意したら、それはアーキテクチュアだといえるように思っています。（…）われわれが、建物を近くでみる範囲というものには、目の角度というものがあるわけで、全体の恰好などは大した問題ではないではないか。それを問題にするのは、なにかルネッサンスの広場で、記念建造物をみるみたいにする考えに通じると思う。近代建築のばあい、われわれわれがまちを歩いていて感じる範囲内では、それはそう根本的な問題ではないような気がします。ですから自分としては、人間のスケールで感触する範囲というものをだいたい設定して、それからぐっと近づいたり、遠ざかったりしたばあいの感触も考えに入れて発想します。それに、材料の選択とか組み立てかた。これはやかましくいう。それから色。色も任せません。（…）微に入り、細にわたってハシバシをおさえる。そうすると建物は自然にできあがる……こういう考えかたには、だいぶ反論もあると思いますが、私はやはり、そのところを大切にしたい。というのも、けっきょく、私は人間の心にしゃんとかようなものが、建築には欲しいと思うからなのです」(3)

人間の感触に訴える造形の実現こそ、村野の求めた建築の最大のテーマだったことが見えてくる。さらに同じインタビューのなかで、村野は次のようにも語っている。

「建築家とは職人だ、と思っているのです。（…）ハシバシというようなことも、これはデザインなどというものではない、やはり職人です。職人の微に入り細にわたっての一つの芸です。といってもそれは、いわゆる名人芸というのともまたちょっと違います。私のいう職人とは、そのような芸に堪能になること、また堪能になるための努力の仕方です」

村野には都市を上から見るような発想も、建築を記念建造物のように扱う視点もなかった。むしろ、あらゆる条件を現実的に受けとめたうえで、人の心に届く質感を生みだす職人に徹しようとしたのだ。そして、その手がかりにしたのは大衆の共通感覚だった。だからこそ最晩年にいたっても、合理や理念を優先しようとする同時代の建築家たちに対して次のように問いかけたのである。

「私は大衆のなかに育った、いってみれば商業建築家ですよ。そうすると不特定多数のお客がある。そうした人たちを満足させるには、それなり人間に共通するものがあるはずだ。だから自分だけを出したっきりで、それを売物にすることは警戒しなければいけないですね。人がそれを望んでいると思うのは大間違いで、大衆のなかでもまれて、明日が暮らせるかどうかというなかを通過しないと、本物にならないと思います[4]」

村野には、同時代の建築家たちが自分よがりのデザインを売り物にしているように感じられたのだろう。だが、そうした自負と孤独な思いとは裏腹に、村野には次のような疑問も投げかけられた。

「《大衆の指向》を主要な条件としてとらえること。そこに村野作品のリアリスチックな面があると同時に、現今のような大衆社会状況の出現しているような状況のなかでは、泰平ムードを助長しかねない（…）人間の全体像の解体をくいとめ、未来の社会をつくりだしていくためには、そのような社会状況の中のどのような芽を育て、どのような根や枝を断ち切らなければならないかということが、建築家を含めたすべての知識人たちの問題意識とならなければならないとき、単に《大衆の指向》を主要な条件とするやり方の中には大きな危険も生まれてきているのである[5]」

こう記した建築評論家の藤井正一郎は、日本生命日比谷ビルを「大衆の指向」を「見事に反映した」と評価しつつも村野の「楽観的姿勢」に「一種の抵抗」を感じたと述べている。ここにも戦後の都市の激変とはおよそ無縁な、村野の寛容な建築の認識がうかがえる。それは戦前に商都として隆盛を誇り、御堂筋や中之島など成熟した都市景観を実現していた大阪の空気を吸い、その連続性のなかに建築を構想できた村野の都市への信頼から生まれた確信だったにちがいない。

しかし藤井が危惧したように、一九六〇年代の都市の激変を経験するなかで、村野の都市への信頼は大きく揺らいでいく。一九六五年の同じインタビューに次のような発言が残されている。

「私は高い建物もどうかと思うのです。低いと平面的に広くなる。そのほうがよいと思う。建物を

新大阪ビルヂング（2010年解体）

高くするということは、私のいう地相を過度にすることで、土地に限度をこえた負担をかけ、その結果地相を破壊する」[6]

こう記した村野は、一九七二年ごろに編集が進んでいた著作集にこの談話を再録するにあたって、「高層建築は高度消費につながり、種々には危険性をはらむ。また高層建築は、都市問題の解決の唯一の方法ではない」[7]と注を付け足していた。背景には大阪で起きていた都市再開発の動きがあった。一九七三年、保存問題に揺れる中之島の図書館や公会堂について聞かれた村野は次のように答えた。

「私は理屈抜きで保存したいというのが本心です。もう問答無用。（…）あそこは由緒ある建物が並んでいるし、今あの図書館をやれといっても絶対できませんよ。（…）公会堂だって歴史的にいえば、発生の理由からいってもつぶしてはいけませんよ。バチが当たると思いますね。（…）そうでなくても高速道路でがっかりしているのです。大阪の河はあれで駄目になりました。あれはムチャですよ。文明国でこんな無茶なことをする国はどこにありますか[8]」

村野の信頼していた都市の姿は大きく変容しようとしていたのだ。しかも村野が手がけた新ダイビル（新大阪ビルヂング、第一期一九五八年、第二期一九六三年、二〇一一年解体）の目前にも、一九六〇年代に阪神高速の高架橋が建設され、水面に映えるその伸びやかな姿は暴力的に塞がれてしまったのである。こうして、一九七八年に村野が語った次の言葉には悲痛な響きさえ感じられる。

「あらゆる手段をもって、どうしたら人間のために、人間の感覚に訴えてそれが生きられるような方向に持っていけるかということが、これが私は私なりに今日までやってきました考え方の中心問題であるかと、かように私は考えます[9]」

はたしてその後の都市は、こうしてひとつの建築から明日の都市を形づくろうとした村野の営為を継承することができたのだろうか。村野は亡くなる直前に次のように語ったという。

「都心に高層ビルが集中し、郊外に延々とベッドタウンが広がっていく都市ではなくて、かつての大阪の下町のような住まいと仕事場が共存して連続していく都市でありたいですね[10]」

一九六六年に大阪阿倍野に完成した村野事務所のたたずまいを知るとき、彼が守り育てようとした都市の姿が見えてくる。いまこそ村野藤吾の都市へのまなざしの共有が求められている。

定点観測点としての東京駅

二〇一四年は東京駅が竣工して百年の節目の年だった。激変する東京の中心に位置しながら、中央駅として現役のまま百歳を迎えたこと自体、奇跡的ともいえる。もちろん、これまで幾度となく再開発計画が浮上し、そのたびに取り壊しの危機に晒されてきた。しかし、一九八七年に発足した「赤レンガの東京駅を愛する市民の会」[1]を中心とする地道な保存運動がようやく実を結んだのだろう。二〇〇三年に国の重要文化財に指定されて、その後五年の歳月をかけて改修工事が施され、二〇一二年には創建当時の姿へ復元された。一方、世界史に目を転ずれば、一九一四年は国民を巻きこんだ初の総力戦となった第一次世界大戦の勃発した年であり、日本もそうした国際情勢に遭遇し、泥沼の戦争へと突き進んでいく。そう考えると、東京駅が激動の日本近現代史を目撃した貴重な存在であることも理解できる。そうした時代の変遷は建築と都市の姿にも深く刻印されている。

東京駅の竣工当時、周囲には一面雑草に覆われた「三菱ヶ原」と呼ばれる原っぱが広がっていたという。それでも、南西側の馬場先門通り沿いでは、先行して三菱地所によって明治政府に招聘さ

改修前の東京駅

れたイギリス人建築家のジョサイア・コンドルが設計した三菱一号館（一八九四年）に始まる西欧的な街区の形成が進んでいた。一九一四年の時点では、彼の設計による三号館までと、その教えを受けた曾禰達蔵ら三菱地所の技師たちによって、二十棟をこえる煉瓦造や鉄筋コンクリート造の事務所ビルが立ち並び、赤煉瓦を基調とする「一丁倫敦《ロンドン》」と呼ばれる日本最初のオフィス街が生まれていた。こうして東京駅は、コンドルの教え子の辰野金吾によって十九世紀末のイギリスで流行したクイーン・アン様式をアレンジした赤煉瓦建築のデザインでまとめられたのだろう。

だが東京駅は、竣工からわずか九年後の一九二三年九月一日、関東大震災に遭遇する。東京駅は堅固な鉄骨煉瓦造を採用したこともあって損傷は受けず、被災者の避難所にもなった。けれども江戸情緒を残す木造の町並みは焦土と化し、耐震性に乏しい煉瓦造の建物群は壊滅的な被害を受けた。また、地震の少ないアメリカの施工会社が建設し、直前に竣工した丸ノ内ビルディングも大きく損傷してしまう。こうして関東大震災は、木造の町並みや明治の面影を残す煉瓦造に最終的な終止符を打たせ、代わって鉄骨造や鉄筋コンクリート造による耐震構造の建築が急速に普及していく。

このとき、おりしも西欧から移入されはじめていたのが装飾のないすっきりとしたデザインを基調とするモダニズムの建築だった。震災復興期の一九三一年に東京駅前に建設された東京中央郵便局はその代表格であり、設計者で逓信省の建築技師だった吉田鉄郎が「控え目な白」と呼んだ白いタイルに覆われた外観が、モダン都市へと変わりゆく東京の姿を象徴していた。赤煉瓦の東京駅と対照的なその清新なたたずまいは、当時の建築雑誌に掲載された水彩画(2)からも伝わってくる。そして東京駅から皇居へと延びる行幸通り沿いには、先に竣工した東京海上ビルディング本館（一九一八年）や郵船ビルディング（一九二三年）、後に対面にできた鉄道省庁舎（一九三七年）が立ち並び、白を基調とする「一丁紐育《ニューヨーク》」とも呼ばれる風格のある街区ができあがる。その一方で、皇居のお濠に面した日比谷通り沿いには、同じ鉄骨鉄筋コンクリート造でありながらも華麗なルネサンス様式の明治生命館（一九三四年）や古典主義を基調とする第一生命館（一九三八年）など重厚で格調

松宮左京「都心の朝」

高い石張りの建築があいついで建てられた。こうして、さまざまな建築デザインが競演する近代的な都市景観が誕生する。おそらく同時代の大阪の御堂筋沿いとともに、日中戦争が始まる一九三七年ごろの東京駅周辺は、建物の高さが三一メートルのスカイラインで統一された美しい街並みがひとつの頂点を極めた時代だったにちがいない。

しかし、太平洋戦争によって成熟した東京の建築はふたたび傷つき、一九四五年五月二十五日の空襲によって東京駅の鉄骨造の屋根は焼け落ち、壊滅的な状態で敗戦の日を迎える。それでも、過酷な状況下にありながらも、一九四七年に応急処置が施され、二階建てに減築し、両側のドーム屋根をシンプルな三角屋根に変更されて再生する。それは竣工時とは異なり、東京駅が民衆駅として戦後復興に立ち向かう人々とともに新たに歩みはじめたことの象徴でもあった。その後も駅前には新丸ノ内ビルディング（一九五二年）などが建設され、首都の顔としての姿が整えられていく。

戦争を挟んで関東大震災から四十年が経過した高度経済成長下の一九六三年、構造技術の進歩と都市への人口集中という時代の要請を受けるかたちで三一メートル以下という建物の絶対高さ制限が撤廃され、建物の大きさを敷地面積に対する延床面積の割合によって規制する容積率制が導入される。それは日本の都市景観を規定していた高さの制約がなくなり、都市に超高層ビルが立ち並ぶきっかけとなる転換点だった。この建築基準法の改正を受けて日本初の超高層ビルとして構想されたのが、旧本館の建て替えとして計画された東京海上ビルディング本館（一九七四年）である。

設計者の前川國男は容積率制の可能性を最大限に活かして、それまで敷地いっぱいに建てられていた建物を超高層ビルとして垂直に立てることによって敷地の三分の二を公共的な広場として開放することを試みようと計画を進めていく。けれども、よく知られているように、前川の計画案はせっかく三一メートルの高さで揃っていた丸の内のスカイラインを壊し、皇居を見下ろすとの理由から起きた美観論争という半ば政治的な論争に巻きこまれてしまう。そして結果的には、当初予定された一三〇メートルの高さを大きく削られて一〇〇メートルで許可が下り、計画から九年後にようやく完成にこぎつけたのである。その間、前川はみずからの主張を繰り返し意見書にまとめて各所に配布するなど建築を都市に開くことの意義を訴えつづけた。そこには戦前にフランスで師事したル・コルビュジエの提唱した「輝く都市」構想にならって「黙っていてもつめ込まれてゆく都市空間をできるだけ取り払って空地をつくり、風通しをよくして太陽と緑の空間を人間の手にとりもどすことが、つまり、現代の都市計画だ[3]」とする思いが込められていた。また前川には、この計画が始まる直前に、施主の田辺茂一の理解のもと「渇ききった砂をかむような町の中に、何か一息つける場所をつくりたい[4]」として、小さな広場と路地の創出を試みた紀伊國屋ビルディング（一九六四年）で得た確かな手ごたえもあったにちがいない。しかし東京海上ビルの竣工後、前川は「巨大なものは胸につかえる[5]」と言葉少なに語り、それ以降、二度と超高層ビルを手がけることはなかった。容積率制は、その後建築によって都市をコントロールしようとした前川の初心的な願いをこえて、都市の大規模な再開発を誘導する触媒のような起爆剤の役割を果たしていくことになる。

このような一九六〇年代後半に起きた東京の都市景観の劇的変化を象徴する一枚の写真[6]がある。それは日比谷にあったアメリカ人建築家のフランク・ロイド・ライトが設計した帝国ホテル（一九二三年）の解体直前に撮影されたものだ。明らかに撮影した写真家の村井修は時代の変化を正確に読みとっていたのだろう。画面の目前に広がる日比谷公園の向こうには、霞が関の官庁街ごしに国

解体直前の帝国ホテル

会議事堂（一九三六年）が見え、左端には日比谷公会堂（一九二九年）が映っている。また、右側には帝国ホテルに敬意を払った装飾的なデザインの施された村野藤吾の日本生命日比谷ビル（一九六三年）がとらえられている。

さらに前面の日比谷通りには、このころに交通渋滞の元凶として地下鉄の整備と引き換えに姿を消した路面電車が映りこんでいた。そして画面の左端奥には、日本初の超高層ビルとしてこの年に完成する高さ一四七メートルの霞が関ビルが収められている。つまり、この写真が撮られた一九六八年は帝国ホテルの解体と引き換えに超高層ビルが都市を埋めていく時代の起点だったのだ。それは同時に、原武史が鋭く指摘したように「車窓から日常的かつ立体的に体感していた」「東京という都市」に対する人々の空間認識そのものを大きく変え、それまで共有されていた都市の風景を喪失していく時代の幕開けでもあった。[7]

さらに建築統計資料によれば、高さ規制が撤廃された一九六三年は有史以来続いてきた木造建築が鉄筋コンクリート造など不燃構造の建築に入れ替わる最後の年であり、これ以降の日本は木造の建築の国ではなくなってしまうのである。

続く一九七〇年代は、東京の都市景観にとってさらなる大きな質的な転換が待ち受けていた時代だった。それは、偶然にも同じ一九七四年に竣工した三つのビル、前川國男の東京海上ビルディング本館、隣接する村野藤吾の日本興業銀行本店、そして軒高約二一〇メートルの当時最高高さを誇って竣工した新宿三井ビルディングの違いに象徴的なかたちで見てとれる。村野藤吾は、日本興業銀行本店の設計で前川とは異なる方法を試みた。彼は容積率制への移行後ではあったが旧来のよう

上・旧東京海上ビルディング本館。
下・旧日本興業銀行本店（2016年解体中）

新宿三井ビルディング

に街区いっぱいに高さ六〇メートルのビルを建てることによって、建物が街角の輪郭を形成し、都市景観の統一感を守ろうとしたのである。また村野は、ガラス張りの超高層ビルへの違和感から、花崗岩を張った柱型のスリット状の外観によって重厚さと気品のある建築を試みていた。おそらく村野には高さ三一メートルで統一されていた従来の街並みへの愛着とこだわりがあったのだろう。

一方、新宿三井ビルは、前川や村野が手がけた施主の顔が見える本社ビルとはまったく異なり、全館が貸しビルであった。当然のことながら、そこでは収益性を重視した機能性と合理性の追求が設計の前提条件となる。その意味で新宿三井ビルは、従来の著名建築家との信頼関係から生まれた企業のイメージ・シンボルとしての自社ビルから、不動産経営を前提とする効率的な貸しビルへと都市の建築の主軸が移行する時代の転換点を象徴する建物だったといえる。また同時に、それは都市の建築の設計が、このビルを手がけた日本設計に象徴されるようにひとりの人格をもつ建築家の手を離れ、超高層ビルという高度な技術と組織力を必要とする建築に適合できる大手の設計事務所へと移りつつあったことも意味していた。だからなのだろう。最大効率を要求される超高層ビルの宿命のもと、足元に活き活きとした広場を創出したこの新宿三井ビルの計画に携わった当事者のひとりは、東京海上ビルと比較されて批評されたことに対して次のような言葉を発したのだ。

「「東京海上ビル」は私も優れた建築だと思っている。しかし、あれは経済的に制約のない自社ビルである。表皮の凹凸による採算性の欠如は貸しビルでは許されない。東京海上という豊かな会社の自社ビルという条件と、前川國男という特級建築家の組合わせによって、はじめてなし得るもので、一般性はない[8]」

ここに読みとれるのは、都市の現実への徹底したリアリズムの感覚とそれを促す建築の意味の変質だ。時代は前川や村野が夢見たような成熟した街並みの形成、すなわちひとつひとつの建物に施主の顔と建築家と職人の手の跡が見えながら、全体として調和した都市景観が生みだされるという方向性ではなく、都市経営の経済サイクルという巨大な渦のなかに突入しつつあったのである。そしてそれと呼応するかのように、東京駅の周辺からも、東京海上ビルの高さ一〇〇メートルに足並みをそろえるかたちで超高層ビルへの建て替えが始まり、銀行や保険会社など風格のあるビルが個性を失ったよりスマートなオフィスビルへと置き換わっていくことになる。そんな時代の変化を象徴するのが、一九八六年に始まるバブル経済を背景に丸の内地区の最大の地権者である三菱地所が一九八八年一月に発表して論議を呼んだ「丸の内マンハッタン計画」と呼ばれる構想[9]である。それは容積率を二〇〇〇パーセントとし、丸の内一帯に高さ約二〇〇メートルの超高層ビル六十棟を建設し、世界有数の国際金融業務センターとするという壮大な計画だった。しかし、発表されたイラストの与えた衝撃はあまりにも大きかった。「景観の変化、東京一極依存構造の是正を掲げていた当時の行政施策との整合性等の観点から、地権者・一般市民・行政・学識経験者等から反対意見が相次ぎ、計画の見直しを余儀なくされることとなった」[10]という。こうして計画は一度は見直されたが、続くバブル経済の崩壊後の一九九六年九月に、地権者と地元の千代田区や東京都、JR東日本など民間と公共から構成された組織「大手町・丸の内・有楽町地区まちづくり懇談会」が設置されて都市計画の仕切りなおしがおこなわれて復活し、二〇〇〇年代を迎えることになる。

日本の都市の景観は、二〇〇〇年代に入るとさらなる激変の時代を迎える。背景にあるのは二〇〇二年四月に制定公布された「都市再生特別措置法」という国家的プロジェクトの存在だ。これはバブル経済崩壊以降の土地の不良資産を整理し、民間の活力を積極的に都心部へ導入することによって都市の国際競争力を高めようとする基本方針に沿って進められている。そのために内閣総理大臣を本部長とする都市再生本部が「都市再生緊急整備地域」を定め、そこでは開発を阻害するような建築規制の大幅な緩和など、従来曲がりなりにも守られてきた都市の景観をコントロールする建築的、都市計画的な枠組みをことごとく取り払い、より効率的な土地資産の有効利用が最大目標に据えられた。これが東京や大阪の都心部にとどまらず、地方都市の主要駅周辺、そして都市部の住宅地にいたるまで周囲とは隔絶した巨大なスケールの超高層のビルやマンション群が突如出現し、風景の激変を生みだしている最大の要因にほかならない。こうして、結果的に都心の景観を長くつくりあげてきた街角の近代建築の多くが半ば狙い撃ちのような標的にされて、無造作に取り壊されるという事態を招いてしまったのである。この法律によって近年あいついで姿を消してしまった東京駅周辺の近代建築を列記すると、吉田鉄郎の東京中央郵便局（一九三一年）、岡田信一郎／吉田五十八（改修）の歌舞伎座（一九二四年／一九五〇年）、白井晟一の親和銀行東京支店（一九六三年）、前川國男の蛇の目ミシン本社ビル（一九六五年）、横河工務所の三信ビルディング（一九二九年）などがあげられる。いずれもその時代を代表し、街角の風景を形づくってきた建築ばかりである。

そしてこうした転換のなかで、東京駅の周辺も激変をとげていく。その象徴が旧・丸ノ内ビルディング（一九二三年）と旧・新丸ノ内ビルディングの建て替えとして計画され、東京駅の対面に二〇〇二年と二〇〇七年にあいついで竣工した高さ約一八〇メートルの丸の内ビルディングと高さ約二〇〇メートルの新丸の内ビルディングである。そこでは、かつて前川が試みたような容積率制に

上・歌舞伎座（2010年解体）。
下・三信ビルディング（2007年解体）

よって敷地内に広場を創出するという方法は放棄され、むしろ村野が堅持しようとした建物の外壁による街区の輪郭の形成と、三一メートルのスカイラインの継承を根拠に方針が決められたのだろう、アトリウムというかたちで公開空地を内包した敷地いっぱいに建てられた低層の建物と、中央の超高層部分から構成された凸型シルエットの墓石のような建築が立ちあがった。そして気がつけば、いつしか丸の内地区は国の重要文化財に指定された明治生命館と東京駅を除いて、すべてが新しい建物に建て替わっていたことになる。これほどの短い時間で首都の都市景観が激変した国はないだろう。そして皮肉なことにそうした大規模な再開発と引き換えのようなかたちで、空中権という未利用の空間の売却による資金を元手に東京駅が創建当時の姿へと復元されたのである。

そんななか、新しく建設される超高層ビルのあまりにも早く完成するその速度への不安を誰もが感じているのではなかろうか。その不安を裏づけるような簡単な指標がある。それは建物の工期を延床面積で割った数値、すなわち一平方メートルあたりを建設するのにかかった時間だ。たとえば鉄骨煉瓦造で建設された東京駅は百七十四分、華麗な装飾が施された石張りの明治生命館は六十五分になる。当然のことながら、高さ三一メートル以下で平面的に広がり、時間をかけてつくられた建物は、縦方向に同じ平面形を積み重ねるかたちで伸びる超高層ビルへと建て替わるなかで、急速に短い時間でつくられるようになっていく。その速度は建設技術が急速に進歩した一九六〇年代に一気に加速し、一九七四年のオイルショック後にはわずか四―六分にまで減少して、現在へといたっている。ちなみに東京中央郵便局を建て替えた高さ二〇〇メートルのJPタワー（二〇一二年）や、道路を跨ぐ立体道路制度を活用した初の超高層ビルとして注目を集め、二〇一四年五月に竣工した高さ二〇〇メートルの虎の門ヒルズも、計算してみると約六分になる。もちろん、その速度の早まりを建設技術の進歩の成果とみなすことも可能だろう。しかし、職人の手仕事も皆無となり、わずか数分で建設されるファストフードのような宿命を背負った現代の建築は、はたして人びとのよりどころとなる風景になりうるのだろうか。

評論家の加藤周一（一九一九―二〇〇八年）が一九八八年に記した東京の建築についてふれた興味深い論考がある。そのなかで加藤は、東京には「全体として、ほとんど都市計画というものがない」ために、「街は、自然発生的に拡がっていて、そこには整然たる秩序がない」と指摘している。また現代を予見するかのように、東京の特徴のひとつとしてその「変化の速度」をあげ、それが「経済的「ダイナミズム」」と「個々の建築が周囲と美的調和という観点からはほとんど規制されていないこと」に原因があり、「新しいものを建てることに急な都会は、その個性（常に歴史と結びついたところの）を失う。その景観には持続性がなく、一世代の記憶さえも結びつく場所がない」として、「東京は記憶喪失症の都市である」と断定する。しかし、その一方で彼は、自然発生的に広がった日本の都市がもつ潜在的な価値を見つめようとして、次のような言葉も記していた。

「東京には秩序がない区画の上に、高層コンクリート建築が立ちならび、幹線道路が突き抜け、その脇には木造平屋の家がひしめき、細い路地が昔のまま残っている。そういう二つの要素が共存しているのは、もちろん東京だけではないが、東京において著しい。しかし、そこには、積極的な意味もないわけではない。都市がすべて高層コンクリート建築と碁盤状もしくは放射線状に走る広い道路のみから成っているとすれば、街の印象は冷たいものとなり、自動車交通に便利でも、散歩には適しなくなるだろう。人は路地を歩き、そこで立ち止り、誰かに出会い、何かを発見する。路地には、人のぬくもりや生活の匂いがある。それはその街で生きている人間にとって、大事な、――おそらく決定的に大事なものであろう(11)」

加藤の指摘するように、東京には、少し前までさまざまな時代の建築が自然発生的に共存する不思議な都市の魅力が内包されていた。また、だからこそ、そこには時間だけがつくりあげることのできる奥行きや親しみやすさも備わっていたにちがいない。しかし、二〇〇〇年代に急激に進んだ再開発によって、かろうじて残っていた複層性はほとんど失われてしまった。そして東京の中心にあって確かな歴史性と時間の蓄積を体現してきた東京駅も、二〇一二年の創建当時への復元によって真新しい姿をとりもどしたものの、人々とともに歩んだ時間性を喪失し、どこかよそよそしい雰囲気の建物になってしまったことは否めない。これからの東京と日本の都市に、加藤の言う「人のぬくもりや生活の匂いがある」路地は存在しつづけることができるのか。東京駅は次の百年に都市の何を目撃することになるのだろう。そして、そこに人々の気持ちに寄りそって時を重ねていく記憶の風景は刻まれていくのだろうか。これまでみてきたような歴史を共有するなかから、東京と日本の都市の過去と未来を見つめなおすことの大切さこそ、定点観測点として百年を迎えた東京駅が私たちに伝える最大のメッセージなのだと思う。東京駅はそのゆくえをこれからも見守っている。

注

「平凡な建築」ということ

（1）　吉田鉄郎『スウェーデンの建築家』彰国社、一九五七年。
（2）　矢作英雄「作品の変遷と建築論的な著述の対応について——吉田鉄郎の建築論的研究その11」、『日本建築学会大会学術講演梗概集（関東）』一九七九年、および同「論稿、最近の世界の建築、について——建築家吉田鉄郎研究その9」、『日本建築学会東北支部研究発表会』一九八一年。
（3）　吉田鉄郎、一九三一年十月二十四日の日記。前掲『スウェーデンの建築家』所収。
（4）　吉田鉄郎『日本の住宅』近江栄監修、向井覚、大川三雄、田所辰之助訳、鹿島出版会、SD選書、二〇〇二年。
（5）　向井覚『建築家吉田鉄郎とその周辺』相模選書、一九八一年、一五一ページ。
（6）　吉田鉄郎「建築意匠と自抑性」、「建築雑誌」一九七七年十一月号。
（7）　矢作英雄「吉田鉄郎による〈建築意匠と自抑性〉の初校について」、同右。
（8）　（6）に同じ。
（9）　森田茂介「新年に際して」、「国際建築」一九三九年一月号。
（10）　第四小委員会「建築様式に関する事項」、主査・岸田日出刀、委員・前川國男、坂倉準三、薬師寺厚、丹下健三、浜口隆一、「建築雑誌」一九四三年四月号。
（11）　佐野利器「世界第一国たる国威の宣揚」、「建築雑誌」一九四二年九月号。
（12）　審査員・今井兼次、岸田日出刀、蔵田周忠、佐藤武夫、谷口吉郎、土浦亀城、星野昌一、堀口捨己、前川國男、村野藤吾、山田守、山脇巌、吉田鉄郎、川面隆三（情報局第五部長）、「建築雑誌」一九四二年七月号。

（13）（6）に同じ。

（14）向井覚、内田祥哉編『建築家・吉田鉄郎の手紙』鹿島出版会、一九六九年、八八ページ。

（15）（1）に同じ。

（16）同右。

（17）薬師寺厚「解説——作品とその変遷」、吉田鉄郎建築作品刊行会編『吉田鉄郎建築作品集』東海大学出版会、一九六八年。

アントニン・レーモンドと所員たち

（1）ジョージ・ナカシマ『木のこころ［木匠回想記］』神代雄一郎、佐藤由巳子訳、鹿島出版会、SD選書、一九八三年、六〇ページ。

（2）三沢浩『アントニン・レーモンドの建築』鹿島出版会、一九九八年、九八ページ。ロナルド・シェイファー『アメリカの日本空襲にモラルはあったか』深田民生訳、草思社、一九九六年、一六四ページ。

（3）前川國男「建築とインテリアを担当して半世紀」、『株式会社紀伊國屋書店五十年記念誌』一九七七年、三八ページ。

（4）長谷川堯対談集『建築をめぐる回想と思索』新建築社、一九七六年。

（5）ジョージ・ナカシマ「アメリカの木の美を教える」、「芸術新潮」一九六五年二月号。

（6）（1）に同じ、二二五ページ。

（7）五代信作「群馬音楽センターの設計」、「建築」一九六一年十月号。

（8）増沢洵「新しい建築の発展を願う」、「朝日新聞」一九五五年一月二十日。

ジャパニーズ・モダン

（1）シャルロット・ペリアン「ゆるぎない友情に」、「坂倉準三の仕事」展カタログ、神奈川県立近代美術館、一九九七年。

（2）シャルロット・ペリアン、坂倉準三『選択・伝統・創造——日本芸術との接触』小山書店、一九四一年、二一ページ。

（3）シャルロット・ペリアン「日本工藝について」、「月刊民藝」一九四一年四月号。

（4）「工藝ニュース」一九四一年十一月号。

（5）豊口克平「日本工業デザイン界の現況」、「工藝ニュース」一九五三年六月号。

（6）勝美勝、坂倉準三、丹下健三「座談会　近代建築について」、「建築文化」一九五五年三月号。

（7）神代雄一郎「現代日本の木造建築」、「建築文化」一九五四年三月号。

(8) 村松貞次郎『日本近代建築の歴史』NHKブックス、一九七七年、一九九ページ。
(9) (7) に同じ。
(10) 「シャルロット・ペリアン」展会場での上映ビデオより、「SD」一九九八年十二月号。
(11) 『シャルロット・ペリアン自伝』北代美和子訳、みすず書房、二〇〇九年、一七三—一七四ページ。
(12) 同右、二六四ページ。
(13) 同右、二六二—二六三ページ。
(14) シャルロット・ペリアン「三人展を開くにあたって」、「リビングデザイン」一九五五年四月号。
(15) (11) に同じ、二八四ページ。
(16) 剣持勇「〝アメリカ通信〟をむすぶ」、「工藝ニュース」一九五三年二月号。
(17) 剣持勇「ジャパニーズ・モダーンか、ジャポニカ・スタイルか」、「工藝ニュース」一九五四年九月号。
(18) 豊口克平「剣持勇の人とデザイン」、『剣持勇の世界』河出書房新社、一九七三年。
(19) 剣持勇「日本のなかのペリアン」、「インテリア」第一巻第四号、一九六〇年。
(20) 松本哲夫「剣持勇について」、『剣持勇の世界』河出書房新社、一九七三年。
(21) (18) に同じ。
(22) 「インタビュー　シャルロット・ペリアン」、「SD」一九九二年四月号。
(23) (11) に同じ、四一八ページ。
(24) 同右、四二九ページ。

プレモスというミッション

(1) 「プレモス7型」、「建築文化」一九六四年二月号。
(2) 前川國男「「プレモス住宅」の想出」、「住宅」一九五五年九月号。
(3) 前川國男「敗戦後の住宅」、「生活と住居」一九四六年二月創刊号。
(4) 『ル・コルビュジエ　建築家の講義』岸田省吾監訳、櫻木直美訳、丸善、二〇〇六年、一八ページ。

神奈川県立図書館・音楽堂ができるまで

(1) 『神奈川県立図書館・音楽堂竣工パンフレット』一九五四年。
(2) 内山岩太郎「建築家前川君と神奈川県立図書館・音楽堂」、「日刊建設通信」一九五九年二月二十日。
(3) 「神奈川新聞」一九五二年四月二十九日。
(4) 佐藤美子「音楽堂に寄せて」、「毎日新聞」一九五四年十一月四日。
(5) 座談会「音楽堂が出来るまで」、「神奈川文化」一九五五年十一月号。
(6) 同右。

（7）「神奈川新聞」一九五二年九月二十三日。
（8）「神奈川新聞」一九五二年十二月四日。
（9）「神奈川文化」一九五八年十一月号。
（10）前川國男「設計者のことば」、『神奈川県立図書館・音楽堂竣工パンフレット』一九五四年。
（11）横田博圀「飢えからの出発」、森啓編『文化ホールがまちをつくる』学陽書房、一九九一年。
（12）*Royal Festival Hall*, Max Parrish, London, published in association with the London County Council, 1951.
（13）「国際建築」一九五二年三月号。
（14）鬼頭梓「オーディトリアムの設計」、「建築」一九六一年六月号。
（15）「座談会　神奈川県立図書館・音楽堂が今日あることの意味と価値」、「建築ジャーナル」一九九三年八月号。
（16）『石井聖光先生還暦退官記念出版　オーディトリアムの音響設計・資料集』一九八五年。
（17）田中誠「神奈川県立図書館・音楽堂について」、「建築雑誌」一九五五年二月号。
（18）（15）に同じ。
（19）前川國男「計画説明」、「新建築」一九四四年一月号。
（20）浜口隆一「日本国民建築様式の問題」、「新建築」一九四四年十月号。
（21）「座談会　国際性・風土性・国民性」、「国際建築」一九五三年三月号。
（22）寺島幸太郎「マンテルの工場生産と軽量化」、「国際建築」一九五五年一月号。
（23）（15）に同じ。
（24）「対談　建築家はいかに生きるべきか」、「日刊建設工業新聞」一九八五年十月一日。
（25）モダニズム建築の保存を提唱する国際的な組織。日本支部であるDOCOMOMO Japanは、二〇〇〇年に正式参加を承認されて活動を続けている。

ル・コルビュジエの見た日本

（1）「毎日新聞」一九五五年十一月六日。
（2）佐々木宏編『近代建築の目撃者』新建築社、一九七七年、二一七ページ。
（3）「朝日新聞」（夕刊）一九五五年十一月六日。
（4）柳宗理氏から筆者が伺った話。
（5）吉阪隆正「ル・コルビュジエと日本」、「毎日新聞」一九六五年八月三十一日。
（6）「朝日新聞」京都版一九五五年十一月六日。
（7）「京都新聞」一九五五年十一月六日。
（8）垂木祐三編『国立西洋美術館設置の状況』国立西洋美術館協力会、一九八七年のインタビューでの発言による（一九五ページ）。西沢とは、当時坂倉事務所大阪代表・西澤文隆のこと。

(9) 同右の文献の森弥太丸氏の発言による。一六一ページ。
(10) 吉阪隆正「ル・コルビュジエ来日す」、「建築雑誌」一九五五年十二月号。
(11) 「建築ジャーナル」一九九四年六月号、および『素顔の大建築家たち』建築資料研究社、二〇〇一年の駒田知彦氏の発言による。一八一ページ。
(12) (9)に同じ、一六〇ページ。
(13) 進来廉「コルビュジエ先生のチビ鉛筆」、「日本経済新聞」一九八九年十二月二十五日。
(14) 吉阪隆正「ル・コルビュジエの見た日本」、「朝日新聞」一九五五年十一月十日。
(15) (10)に同じ。
(16) 吉阪隆正「自然と人間を愛した建築家」、「アプローチ」一九六六年夏季号。

弟子たちの軌跡

(1) 「座談会　国際性・風土性・国民性」、「国際建築」一九五三年三月号。
(2) 前川國男、宮内嘉久『一建築家の信条』晶文社、一九八一年、一一〇ページ。なお本書では「木なり」となっているがオリジナルの録音テープでは「レンガなり」と語っている。
(3) 前川國男「福島教育会館の思い出」、『建築学体系39』彰国社、一九七〇年。
(4) (2)に同じ。
(5) 川添登『建築家・人と作品』井上書院、一九六八年。
(6) ル・コルビュジエ『プレシジョン』井田安弘、芝優子訳、鹿島出版会SD選書、一九八四年。
(7) 坂倉準三「神奈川県立近代美術館」、「建築文化」一九六三年六月号。
(8) 「座談会　近代建築について」、「建築文化」一九五五年三月号。
(9) 吉阪隆正「ル・コルビュジエのアトリエから」、「建築雑誌」一九五一年一月号。
(10) 同右。
(11) 吉阪隆正「自然と人間を愛した建築家」、「アプローチ」一九六六年夏季号。
(12) 吉阪隆正「有形学へのアプローチI」、「国際建築」一九六四年三月号。
(13) 吉阪隆正「わが住まいの変遷史」、「ニューハウス」一九七九年十月号。

都心のキャンパス

(1) 『法政大学の100年』法政大学、一九八〇年。
(2) 大江宏「建築と私——法政大学最終講義」、『大江宏＝歴史意匠論』南洋堂、一九八四年、二四ページ。
(3) 大内兵衛「日本の独立と私学の任務——法政大学

総長就任の辞」、「世界」一九五〇年十一月号。
(4) 大江宏「歴史意匠の再構築」聞き手・宮内嘉久、前掲『大江宏＝歴史意匠論』一八〇ページ。
(5) 大江宏「法政大学大学院の設計に就て」、「建築雑誌」一九五三年四月号。
(6)「国際建築」一九五三年八月号。
(7) 大江宏「ガラスのスパンドレル」、「建築技術」一九五三年五月号。
(8) (6)に同じ。
(9)「父と子と――大江宏」聞き手・長谷川堯、『建築をめぐる回想と思索』新建築社、一九七六年。
(10) 大江宏、森田茂介「対談　建築学の学び方」、「法政」一九五六年七月号。
(11)「シンポジウム　歴史と創造」、前掲『大江宏＝歴史意匠論』六一ページ。
(12) 同右、六二ページ。
(13) (4)に同じ、一八五ページ。
(14) 澁谷榮一「なによりも自由を大切にした人」、『'95建築文化講演会集』野安製瓦株式会社、一九九五年。
(15) 青木繁「法政大学58年館の三つのシェル構造」、「新建築」一九五八年十二月号。
(16) 大江宏「法政大学の設計について」、「建築文化」一九五八年十二月号。
(17) 別冊新建築『日本現代建築家シリーズ⑧大江宏』一九八四年、八三ページ。
(18) (14)に同じ。
(19) 大江宏「学校建築の反省」、「建築文化」一九五七年四月。
(20) (16)に同じ。
(21) (19)に同じ。
(22) 大江宏「58年館の完成にあたって」、「新建築」一九五八年十二月号。
(23) 大江宏「東洋英和女学院短期大学新校舎」、「建築文化」一九五九年八月号。
(24) 大江宏「建築の本質」、「建築文化」一九六二年九月号。
(25) 大江宏「西洋建築史の再検討」、「建築雑誌」一九七二年九月号。
(26) (4)に同じ、一九六ページ。
(27) 同右、二一一ページ。

建築は誰のものか

(1)「設計説明書」一九五七年、前川建築設計事務所蔵。
(2) 前川國男「京に思う」草稿、一九六五年、前川建築設計事務所蔵。
(3) 前川國男「京都会館」、『京都会館五年のあゆみ』京都市、一九六五年。

（4）前川國男、宮内嘉久「建築家としての展望はあるか」、『続・現代建築の再構築』彰国社、一九七八年、六五ページ。
（5）フランソワーズ・ショオエ「なまのままの純粋な美しさ」、「新建築」一九六〇年七月号。
（6）「表彰業績にたいする推薦理由」、「建築雑誌」一九六一年七月号。
（7）藤井正一郎「転身の意味」、『建築年鑑』美術出版社、一九六一年。
（8）（3）に同じ。
（9）加藤周一『加藤周一セレクション3　日本その心とかたち』平凡社ライブラリー、二〇〇五年、四六〇ページ。
（10）『京都会館再整備基本計画』京都市広報資料、二〇一一年。
（11）京都市文化市民局から長崎和平氏への回答書、二〇一二年九月二十一日。

大学セミナーハウス

（1）F・パッペンハイム『近代人の疎外』粟田賢三訳、岩波新書、一九六〇年。
（2）開高健『ずばり東京』文春文庫、一九八二年。
（3）永井道雄『日本の大学』中央新書、一九六五年。
（4）飯田宗一郎「創造の心、そしてこれから」、「セミナーハウス」六十八・六十九号。
（5）飯田宗一郎「生涯学習に独創性を」、「読売新聞」一九六八年四月十四日。
（6）（4）に同じ。
（7）『大学を開く　大学セミナーハウス創立十年史・開館七年史』大学セミナーハウス、一九七四年、一六ページ。
（8）（4）に同じ。
（9）ル・コルビュジエ『モデュロールⅠ』吉阪隆正訳、美術出版社、一九五三年、訳者の言葉。
（10）吉阪隆正「不連続性統一体の提案」、「建築文化」一九五七年八月号。
（11）吉阪隆正「コンクリートの住宅を設計すること」、「建築文化」一九五七年十二月号。
（12）吉阪隆正「世界に貢献する日本建築」、「泉」二巻二号、一九五七年。
（13）吉阪隆正「コンクリートで住宅を作る」、「近代建築」一九五八年十月号。
（14）（11）に同じ。
（15）吉阪隆正「コンクリート壁の表情」、「建築文化」一九五九年八月号。
（16）吉阪隆正「有形学の提案」、「毎日新聞」一九六三年一月四日。
（17）吉阪隆正「住居学から有形学へ」草稿、一九六六年ごろ、『吉阪隆正集』第十巻、勁草書房、一九八四年、五二ページ。
(18) 吉阪隆正「形への総合に関するノート——大学セミナー・ハウス建築構想の経過」、「建築文化」一九六四年九月号。
(19) (4)に同じ。
(20) 「特集 大学セミナー・ハウス」、「建築文化」一九七九年九月号。
(21) 同右。
(22) 吉阪隆正「大学セミナー・ハウス」、「建築文化」一九六五年十二月号。
(23) 「大学セミナー・ハウスの構造」、「新建築」一九六五年十二月号。
(24) (20)に同じ。
(25) 『吉阪隆正対談集 住民時代』新建築社、一九七九年、二三六ページ。
(26) 「座談・吉阪隆正」、「建築文化」一九八一年五月号。
(27) 吉阪隆正「光とかげ——建築の声音」、「建築」一九六七年九月号。

戦没学徒記念若人の広場

(1) 竣工時の正式名称。丹下都市建築設計に保管されている図面の表紙には「戦没学徒を記念する広場／1965 10 18／丹下健三・都市建築設計研究所」と記されている。
(2) 立命館大学国際平和ミュージアムに寄贈された資料のなかにこの建物の建設へ向けた寄付金募集の呼びかけ文があり、次のように記されている。「本会は、すぐる大戦において大きな犠牲を受けた動員学徒等いわゆる準軍属に対し、諸種の実質的な援護事業と、また往時の学徒等若人の心情を礎とする記念事業を行わんとしている公益団体であります。昭和三十八年 財団法人動員学徒援護会 会長大橋武夫、同募金委員会委員長 岸信介」
(3) 立命館大学国際平和ミュージアム編『ぼくたちわたしたちの生きた証——「若人の広場」旧蔵・戦没動員学徒遺品展図録』二〇〇五年。
(4) 宮原周治編『あしあと』財団法人動員学徒援護会、一九六〇年。
(5) 総論としては福間敏矩『増補学徒動員・学徒出陣——制度と背景』第一法規出版、一九八〇年や西成田豊『労働力動員と強制連行』山川出版社、二〇〇九年などがある。ほかには武蔵野の空襲と戦争遺跡を記録する会編『証言・学徒動員——中島飛行機武蔵製作所に動員された学徒の記録』二〇〇三年など動員先や学校別の追悼集が数多く出版されている。
(6) (2)に同じ。
(7) 文部省編『学制百年史(記述編)』帝国地方行政

学会、一九七二年、五六六ページ。なお同書によれば、学徒動員による死亡者は一万九百六十六人、傷病者は九千七百八十九人となっている。

(8) 栗田勇編『現代日本建築家全集10 丹下健三』三一書房、一九七〇年、『丹下健三 1946–1969 建築と都市』アルテミス出版社、一九七〇年。

(9) 丹下健三、藤森照信『丹下健三』新建築社、二〇〇二年。

(10) 丹下健三「技術と人間の均衡」、「朝日新聞」一九六〇年八月八日。

(11) 丹下健三「建築・技術・人間」、「朝日新聞」一九七三年五月十九日。

(12) 香川県庁舎五十周年記念プロジェクトチーム編『香川県庁舎旧本館取材ノート あの頃の香川県庁舎を語る』二〇〇九年。

(13) 丹下健三「民主的広場を」、「朝日新聞」一九六〇年七月四日。

(14) 神谷宏治「丹下研とウルテックの歴史」、「建築ジャーナル」一九九五年十二月号。

(15) (8)と同じ。

(16) 丹下健三『建築と都市』世界文化社、一九七五年。

(17) 正確には国民学校高等科以上大学までの十二歳から二十二歳の学徒である。(7)に同じ。

(18) 「座談会 国際性・風土性・国民性——現代建築の造型をめぐって」、「国際建築」一九五三年三月号。

(19) 浜口隆一『ヒューマニズムの建築——日本近代建築の反省と展望』雄鶏社、一九四七年。

(20) 丹下健三『一本の鉛筆から』日本図書センター、一九九七年。

(21) 「対談 現代建築の条件を語る」、「科学読売」一九六〇年六月号。

(22) 丹下健三「大東亜建設記念営造計画 忠霊神域計画主旨」、「建築雑誌」一九四二年十二月号。

(23) 丹下健三「在盤谷日本文化会館計画主旨」、「新建築」一九四四年一月号。

(24) 前川國男「在盤谷日本文化会館総説・計画要旨」、「新建築」一九四四年一月号。

(25) 大東亜建築委員会(委員長・佐野利器)の「建築様式」を議論する第四小委員会(主査・岸田日出刀)に前川、丹下、浜口が参加していた。「建築雑誌」一九四三年四月号ほかを参照。

(26) 浜口隆一「日本国民建築様式の問題」、「新建築」一九四四年十月号。

(27) クリスチャン・ノルベルグ=シュルツ『現代建築の根』加藤邦男訳、A.D.A.EDITA Tokyo、一九八八年(原著一九八三年)、一五二ページ。ジークフリート・ギーディオン『現代建築の発展』生田勉、樋口清訳、みすず書房、一九六一年(原著一九五八年)。

(28) 森紘一「「若人の広場」は、今…」」、「広報なんだん」第六百十五号、二〇〇五年一月九日刊。
(29)「戦没学徒に誓う平和――南あわじ市「若人の広場」で追悼式」、「朝日新聞」神戸版二〇〇九年八月十六日。
(30)「終戦七〇年全国戦没学徒追悼式典の開催」兵庫県健康福祉部社会福祉局、二〇一五年十月七日作成の告知。
(31) 大田昌秀『死者たちは、いまだ眠れず――「慰霊」の意味を問う』新泉社、二〇〇六年、一七九ページ。
(32) 生井英考『負けた戦争の記憶――歴史のなかのヴェトナム戦争』三省堂、二〇〇〇年、一五三ページ。
(33) マリタ・スターケン「欠如を記憶する――9・11につづく出来事に関する考察」、『アメリカという記憶――ベトナム戦争、エイズ、記念碑的表象』岩崎稔ほか訳、未來社、二〇〇四年、四四二ページ。
(34) 丹下健三「広島市平和記念公園及び記念館」、「建築雑誌」一九四九年十・十一月号。

「物」としての建築

(1)「建築雑誌」一九六九年八月号。
(2) 平良敬一「《根源的世界》への志向――白井晟一の語法をめぐって」、『建築年鑑 一九六九年版』建築ジャーナリズム研究所、一九六九年、二三ページ。
(3) 藤井正一郎「仮説による挑戦――慶松幼稚園の方法を評価する」、同右。
(4)「建築雑誌」一九六八年十月号。
(5) 市浦健、白井晟一、堀口捨己、前川國男、山本学治(司会)「座談会1」、「建築雑誌」一九六八年八月号。
(6) 前川國男「追悼 白井さんと枝垂桜」、「風声」第十七号、一九八四年。
(7) 川添登「白井晟一論ノート」、「近代建築」二〇〇七年三月号。
(8) 白井晟一、神代雄一郎「対談『ギリシャの柱と日本の民衆』を読んで」、「建築文化」一九五七年七月号。
(9)「鼎談 創造の論理――精神の荒廃のなかで」、『現代建築の再構築』彰国社、一九七八年、二三一ページ。
(10) 同右、二三三ページ。
(11) (8) に同じ。
(12) 白井晟一「アンケート一九五三年の建築」、「新建築」一九五三年十二月号。
(13) 白井晟一「アンケート一九五四年の建築」、「新建築」一九五四年十二月号。
(14) 白井晟一「アンケート一九五五年の建築」、「新建築」一九五五年十二月号。
(15) 白井晟一「アンケート一九五七年の建築」、「新建築」一九五七年十二月号。

(16) 白井晟一「アンケート一九五八年の建築」、「新建築」一九五八年十二月号。
(17) 白井晟一「伝統の新しい危険」、「朝日新聞」一九五八年十一月二十二日。
(18) (8)に同じ。
(19) 「アンケート一九五六　建築と建築家」、「新建築」一九五六年十二月号。
(20) 鬼頭梓「善照寺を見て」、「近代建築」一九五九年五月号。
(21) 前川國男「ディテール」、『前川國男のディテール——熊本県立美術館をとおして』彰国社、一九七九年。
(22) 白井晟一、原広司「対談　人間、物質、建築——現代のデザインについて語る」、「デザイン批評」一九六七年七月号。
(23) 白井晟一、宮嶋圀夫「対談　建築におもう」、「SPACE MODULATOR 60」一九八二年。
(24) 加藤周一「自由・孤立・伝統の問題」、『加藤周一セレクション3』平凡社ライブラリー、二〇〇〇年、四五六ページ。
(25) 「座談会　NOAビルを語る」、『日本デザイン年鑑』一九七五年。
(26) (9)に同じ。
(27) 流政之「設計のなかの孤独」、「近代建築」一九五九年五月号。
(28) 白井晟一、栗田勇「対談　現代建築と聖なるもの」「ユリイカ」一九八二年一月号。
(29) 白井晟一、谷川俊太郎「対談　詩と建築」、『白井晟一研究Ⅳ』南洋堂、一九八二年。
(30) 白井晟一、磯崎新「対談　コンフリクトの発見」、『白井晟一研究Ⅰ』南洋堂、一九七八年。

石を積む

(1) 浜口隆一「長崎の親和銀行——折衷主義の再評価」、「近代建築」一九六四年二月号。
(2) 磯崎新「親和銀行本店を見て」、「新建築」一九六八年二月号。
(3) 宮内康「近代の告発／親和銀行を見て」、「建築文化」一九六九年七月号。
(4) 「座談会1」、「建築雑誌」一九六八年八月号。
(5) 「対談　石と日本建築」、「ina report」一九七六年三月号。
(6) 「対談　建築と詩の原質」、『現代日本建築家全集9』三一書房、一九七〇年、一七八ページ。
(7) 白井晟一インタビュー「歴史へのオマージュ」、「芸術新潮」一九七五年九月号。

村野藤吾の都市

(1) 座談会「欧米建築の変遷」、「建築と社会」一九五四年七月号。
(2) 村野藤吾「受賞有感」、「建築雑誌」一九七二年八月号。
(3) 村野藤吾「わたくしの建築観」、『建築年鑑』一九六五年、八ページ。
(4) 別冊新建築『日本現代建築家シリーズ⑨村野藤吾』一九八四年、九ページ。
(5) 藤井正一郎「日生ビルの竣工に当って」、「近代建築」一九六四年一月号。
(6) (3)に同じ、一〇ページ。
(7) 『村野藤吾著作集』同朋社、一九九一年、七一〇ページ。
(8) インタビュー「建築的遺産の継承」、「建築雑誌」一九七四年一月号。
(9) 「村野・浦辺建築対談　ヒューマニズムの建築」、「建築雑誌」一九七八年三月号。
(10) 水谷頴介「村野藤吾と大阪」、「建築と社会」一九八五年十一月号。

定点観測点としての東京駅

(1) 赤レンガの東京駅を愛する市民の会編『赤レンガの東京駅』岩波ブックレット、一九九二年。
(2) 松宮左京「都心の朝」、「新建築」一九三五年五月号。
(3) 前川國男「「美観条例」は不毛である」、「新建築」一九六七年九月号。
(4) 前川國男「設計者のことば」、『紀伊國屋ビルディング竣工記念パンフレット』一九六四年。
(5) 前川國男「東京海上ビルについて」、「建築」一九七四年六月号。
(6) 明石信道『旧帝国ホテルの実証的研究』東光堂書店、一九七二年、所収。
(7) 原武史『鉄道から見える日本』日本放送出版協会、二〇〇九年。
(8) 郭茂林「青いガラス」、「新建築」一九七五年三月号。
(9) 三菱地所『丸の内再開発計画』一九八八年。
(10) 清水原「都心業務地区における公民協働によるまちづくりに関する研究——東京都千代田区丸の内周辺地区を事例として」、「総合都市研究」第八十三号、二〇〇四年。
(11) 加藤周一「東京という現象」、『加藤周一セレクション3』平凡社ライブラリー、二〇〇〇年、四三二ページ。

あとがき

歴史を結果から見てはいけない。本書でとりあげた建築家の仕事の意味を考えるなかで繰り返し思い知らされ、自戒としている自分なりの経験知である。今年二〇一六年は、二十世紀に世界的な潮流として展開されたモダニズム建築にとって大きな節目の年となった。去る七月十七日、その潮流を牽引した顕著な貢献が評価されてフランスの建築家ル・コルビュジエの手がけた十七件の建物が一括してユネスコの世界遺産に登録されたからだ。そのなかに彼が唯一日本で手がけた東京上野にある国立西洋美術館（一九五九年）が含まれていたこともあって、その名前は日本でも一般に広く知られるようになった。彼の名声とともにモダニズム建築への社会的な関心が高まるとの期待もささやかれている。そのことを手放しで喜びたい反面、ル・コルビュジエはいまも孤立した孤独な存在に置かれているように思えてならない。一九四八年に彼は次のような言葉を記している。「建築家としての私の作品になんらかの意味があるとしたら、そのもっとも重要なものは人目につかない長く苦しいその過程にあると考えていただきたい」。建築を独学で学び、過去を唯一の師とした彼は、片目を失明し、手がけた建物の訴訟騒ぎや事業の失敗など苦労の連続のなかで建築をめざして歩みつづけた建築家である。私たちはその華やかな建築の姿に眼を奪われて、彼が「人間のための建築」を求めてひとり時代と格闘したプロセスをいまだに共有できていないのではないか。彼の偉大さは、戦争と革命の嵐が吹き荒れる過酷な時代のなかにありながらも、古今東西の有名無名の建築に触れて、そこから変わることのない建築の根源的なエッセンスを発見し、いまを生きる人びとにとって希望となる空間の原型＝プロトタイプを繰り返し提示しようとしたその生き方にある。そして彼の原点にあった時代の求めるものに誠実に向きあおうとする建築家としての使命感とその歩みを、苦難に満ちた等身大の生きた道筋に沿って理解することによって、はじめて彼の求めた建築の可能性の意味を共有し、私たちの時代の建築と都市を考える手がかりが得られるのだと思う。

本書は、一部を除いてこの十年ほどの間に執筆してきた論考をまとめたものである。巻末の初出誌リストからも明らかなように、その内容は、さまざまなかたちでかかわったモダニズム建築の保存運動と、企画に携わった各種の建築展のなかで、対象となる建築や建築家について資料を読みこむ作業を記録した備忘録といえるのかもしれない。その際、先に述べたように、あとづけの評価の誤りに何度となく気づかされた。本書から、建築家の奥底にある思いと独自の建築理解を発見した手ごたえのようなものを読みとっていただければ幸いである。ただ無念なのは、その価値を伝えるために記した論考がこうしてまとまる一方で、東京中央郵便局や大阪中央郵便局、法政大学、京都会館、阿佐ヶ谷テラスハウス、白井晟一自邸・虚白庵、日本興業銀行本店など、とりあげた建築の多くが理解されることもなく次々とあっけなく姿を消し、いまや文字と図面資料によってしか伝えられなくなってしまったことである。現在もその事態は続いている。

さて、このような経緯から書き溜めてきた断片的な文章の束を編んで、一続きの読みもののかたちにしてくださったのは、みすず書房の遠藤敏之さんである。「ル・コルビュジエから遠く離れて」という書名も彼の発案による。この問いかけとも受けとれる書名とともに、もし筆者も気づかない歴史のつながりが本書から立ちあがって、なんらかの新しい視点が提示できているとすれば、遠藤さんの編集力の賜物だと思う。その精力的な仕事に深く感謝したい。また、これらの文章を記す機会を与えてくださったのは関口岩男、長山雅一、太田泰人、長門佐季、西牧厚子、山根一彦、中村由美子、板谷利香、亀谷信男、富重隆昭、平良敬一、小泉淳子、谷内克聡、多田君枝、冨田章、柚花文の各氏ら編集者や学芸員、研究者などの方々である。あらためてお礼の気持ちをお伝えしたい。さらにDOCOMOMO Japan の仲間たちと全国各地で保存運動に尽力されている人たちにも日々励まされており、各種の建築展では、関係者や同僚の教員とともに模型制作などで学生たちの懸命な努力にいつも助けられている。あわせて感謝したいと思う。

ル・コルビュジエをはじめ本書でとりあげた建築家たちには、建築を通して人びとが安心して暮らすことのできる生活環境を構築しようとする意志が共有されていた。そこには、唐突かもしれないがル・コルビュジエと同世代のドイツの思想家ヴァルター・ベンヤミン(一八九二―一九四〇年)の南フランスにつくられた記念碑に刻まれた彼の言葉、「有名な人たちの記憶よりも、無名な人たちの記憶に敬意を払うことのほうがむずかしい。歴史の構築は無名の人たちの記憶に捧げられる」と通じる姿勢があったのだと思う。混迷を深める時代を前に、先駆者たちが建築に託したものをこれからも見つめていきたい。

二〇一六年十月

松隈 洋

初出一覧

一パーセントの意味　「Re」178号、一般社団法人建築保全センター、二〇一三年四月
「平凡な建築」ということ　「ヒストリア」220号、大阪歴史学会、二〇一〇年六月
アントニン・レーモンドと所員たち　「アントニン&ノエミ・レーモンド」日本展カタログ、Echelle-1／美術館連絡協議会、二〇〇七年
ジャパニーズ・モダン　「シャルロット・ペリアンと日本」展カタログ、鹿島出版会、二〇一一年
プレモスというミッション　「新建築 住宅特集」二〇一四年五月号
遺産としての建築写真　「ディテール」167号、二〇〇六年一月
神奈川県立図書館・音楽堂ができるまで　「神奈川文化」50号、神奈川県立図書館、二〇一二年二月
小さな教会の大きな世界　「三里塚教会物語と吉村順三展」冊子、ギャラリーエークワッド、二〇一三年
ル・コルビュジエの見た日本　エックスナレッジ・ムック「ル・コルビュジエ　建築・家具・人間・旅の全記録」二〇〇二年

弟子たちの軌跡　同右

都心のキャンパス　モダニズム・ジャパン研究会編『再読　日本のモダンアーキテクチャー』彰国社、一九九七年

集まって住む風景　えんぞう『阿佐ヶ谷住宅』リブロアルテ、二〇一三年

建築は誰のものか　「住宅建築」二〇一三年四月号

大学セミナーハウス　「建築文化」一九九四年九月号

戦没学徒記念若人の広場　「住宅建築」二〇〇九年十二月号

「物」としての建築　「白井晟一　精神と空間」展カタログ、青幻舎、二〇一〇年

石を積む　「CONFORT」二〇一一年八月号

村野藤吾の都市　「村野藤吾建築設計図面展カタログ12」国書刊行会、二〇一三年

定点観測点としての東京駅　「東京駅一〇〇年の記憶」展図録、東京ステーションギャラリー、二〇一四年

＊　本書収録にあたり一部を改題、また加筆・訂正を施した。

写真・図版提供

文化庁国立近現代建築資料館　P.50, P.101, P.104, P.119, P.123, P.172-174

前川建築設計事務所　P.57, P.59上, P.64-65（撮影・渡辺義雄）, P.72（同上）, P.79-81, P.83（撮影・渡辺義雄）, P.91（撮影・窪田経男）, P.96（同上）, P.152, P.155-156（撮影・渡辺義雄）

アルキテクト　P.106

国立西洋美術館（撮影・東京フォトアート）　P.110

大江新　P.137

笠原一人　P.200, P.231

スタジオムライ（撮影・村井修）　P.238

写真・図版出典

『アントニン・レイモンド作品集1920-1935』（城南書院, 1935年）　P.28, P.31

「建築文化」1951年 9 月号　P.38

『選択・伝統・創造――日本芸術との接触』（小山書店, 1941年）　P.42上

「造形芸術」第 3 巻 5 号（1941年 5 月）　P.42下

『ジャパニーズ・モダン――剣持勇とその世界』（国書刊行会, 2005年）　P.44

『明日の住まい』（主婦之友社, 1948年）　P.59下

「朝日新聞」1955年11月 3 日夕刊　P.95

Le Corbusier Sketchbooks, Vol.3,1954-1957（MIT Press, 1982）　P.98

Le Corbusier: Musée d'Art Occidental, Tokyo, and Other Buildings and Projects, 1957-1961（Garland, 1984）　P.111

「建築雑誌」1942年12月号　P.192上

「新建築」　P.192下（1944年 1 月号）, P.235（1935年 5 月号）

著者撮影　P.13, P.18, P.20, P.29, P.33, P.36, P.39, P.69, P.87-88, P.92, P.97, P.99, P.102-103, P.105, P.108, P.109上, P.116-117, P.120-121, P.125, P.129, P.132, P.139-140, P.147, P.150-151, P.162, P.171, P.179-181, P.184-185, P.201, P.205, P.213, P.217, P.218, P.222, P.227, P.230, P.234, P.239-240, P.243

著者略歴

（まつくま・ひろし）

1957年兵庫県生まれ．1980年，京都大学工学部建築学科卒業後，前川國男建築設計事務所に入所．2000年，京都工芸繊維大学助教授，2008年，同教授．博士（工学）．DOCOMOMO Japan代表，文化庁国立近現代建築資料館運営委員．著書『ルイス・カーン――構築への意志』（丸善1997）『近代建築を記憶する』（建築資料研究社2005）『坂倉準三とはだれか』（王国社2011）『残すべき建築――モダニズム建築は何を求めたのか』（誠文堂新光社2013）『モダニズム建築紀行――日本の戦前期・戦後1940～50年代の建築』（六耀社2016）『建築の前夜――前川國男論』（みすず書房2016），編著『前川國男　現代との対話』（六耀社2006），共著『原発と建築家』（学芸出版社2012）『建築家　大高正人の仕事』（エクスナレッジムック2014）『建築から都市を，都市から建築を考える』（岩波書店2015）ほか．

松隈 洋
ル・コルビュジエから遠く離れて
日本の20世紀建築遺産

2016年11月15日　印刷
2016年11月25日　発行

発行所 株式会社 みすず書房
〒113-0033 東京都文京区本郷5丁目32-21
電話 03-3814-0131(営業) 03-3815-9181(編集)
http://www.msz.co.jp

本文組版 キャップス
本文印刷・製本所 中央精版印刷
扉・表紙・カバー印刷所 リヒトプランニング

Printed in Japan
ISBN 978-4-622-08529-4
[ルコルビュジエからとおくはなれて]
落丁・乱丁本はお取替えいたします